Eberhard Kamprad

Der Deutsche
Schäferhund

Kosmos

Auch Schäferhunde lieben die Gesellschaft von Artgenossen.

Regelmäßige Bewegung an frischer Luft ist gesund für Mensch und Hund.

Inhalt

Extra

Schäferhunde
sind ausge-
prägte und
liebenswerte
Persönlich-
keiten.

Intelligenz und Aufmerksamkeit zeichnen die vielseitigen Schäferhunde aus.

Ursprung und Wesen

Das sind Schäfer-hunde

Die Domestikation des Hundes hat eine lange Geschichte. Wahrscheinlich wurde der vom Menschen gezähmte Hund zuerst als Wachhund und Jagdgehilfe eingesetzt.

Lawinenhund im Einsatz

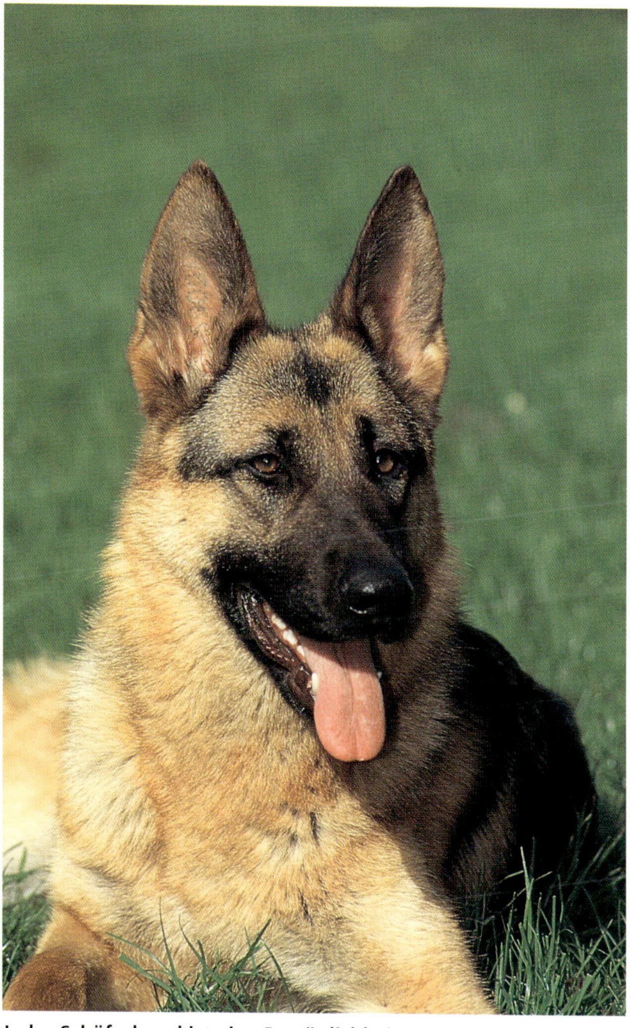

Er liebt das Zusammensein mit seinen Menschen.

Jeder Schäferhund ist eine Persönlichkeit.

Denn bei diesen vielfältigen Tätigkeiten konnten sich seine natürlichen Fähigkeiten voll entfalten: ausgeprägtes Gehör, hervorragender Geruchssinn und gutes Gespür beim Auffinden und Verfolgen von jagdbarem Wild.

Doch das Rudeltier Hund besaß noch andere für das Zusammenleben und Zusammenwirken mit dem Menschen wertvolle Eigenschaften: Der vom Hund respektierte Mensch wurde zum Leittier, seine Angehörigen zu Rudelgenossen und sein Umfeld und Besitz zum verteidigungswürdigen Revier.

HÜTEHUNDE

Als der Mensch anfing, Viehzucht und Herdenhaltung zu betreiben, machten diese Eigenschaften den Hund zum idealen Helfer auch als Hütehund. Dafür wurden starke, mutige Tiere ausgewählt, die nicht nur die Herde, sondern auch die Hirten gegen Bedrohungen durch Raubwild zu schützen wußten. Um sie bei Dunkelheit leichter von raublustigen Wölfen unterscheiden zu können, wurden hellfarbene Hunde bevorzugt.

Im Kreis der Hütehunde – leichte, wendige, haustreue und weniger scharfe Hunde ohne Jagdpassion – finden wir auch den Schäferhund. In verschiedenen Ländern wurden Standardtypen herausgezüchtet, die dann meistens nach dem Herkunftsland benannt wurden.

Allein in Europa kennen wir eine Vielzahl von Rassen, die alle am Hütehund so geschätzten Eigenschaften – Intelligenz, Mut, Arbeits-

Auch heute noch helfen sie dem Schäfer.

Die Vorfahren: wolfsgrauer Thüringer ...

... und Württembergischer Schäferhund

freude, Kooperationsbereitschaft, Wetterhärte, Ausdauer – besitzen, sich aber in ihrem Erscheinungsbild teilweise stark unterscheiden.

SCHÄFERHUND-VARIETÄTEN

Vielfältig wie die Landschaften Europas, die klimatischen Verhältnisse und die geographischen Gegebenheiten ist das äußere Gepräge der hier bekannten Schäferhundrassen, die zum Teil Jahrhunderte alt sind.

Den Belgischen Schäferhund gibt es als ebenmäßig schwarzen, langhaarigen Groenendal und als kurzhaarigen, rötlich-dunkel geflammten Mechelaar mit schwarzer Maske.

Der gedrungenere altenglische Bobtail etwa ist langzottig, und die Farbe seines vollen, rauhen Fells schwankt zwischen grau und blau-meliert mit weißen Abzeichen, während die bereits auf das 10. Jahrhundert zurückgehende Viehtreiberrasse des stockhaarigen Corgis, der

nur etwa 30 cm groß ist, leicht gebogene Vorderläufe und einen fuchsähnlichen Gesichtsausdruck hat.

Star der „sheepdog trials", der Wettbewerbe für Schäferhunde in Europa, den USA und Australien, ist der langhaarige, schwarzweiße Border Collie oder Schottische Schäferhund, der bei seiner Arbeit an der Herde eine geradezu „menschliche" Intelligenz und Initiative zeigt.

Der französische Briard wird mit langem, rauhem „Ziegenhaar" in vielen Farbvariationen gezüchtet, während der portugiesische Berger da Serra de Aires knapp mittelgroß ist und in allen Schattierungen von rötlich über grau und schwarz und mit kurz oder lang behaartem Fang auftritt.

URSPRÜNGLICHE AUFGABEN

Ruhig und gelassen zieht ein Schäfer mit seiner großen Schafherde durch eine saftig grüne Landschaft. Ab und zu bleibt er stehen, stützt sich auf den langen Schäferstab und beobachtet seine Tiere.

Eifrig und unermüdlich flitzen die Hütehunde aufmerksam um die Herde, immer bemüht, diese zusammenzuhalten, eigensinnige Schafe zur Ordnung zu bringen und Schaden von der Herde abzuwenden. Um ihre Aufgabe zu erfüllen, ist ihnen kein Graben zu breit und kein Hindernis zu hoch.

Ständig wandert ihr Blick zum Schäfer, damit ja kein Handzeichen oder Pfiff des

BESONDERE EIGENSCHAFTEN

Den Hunden, die als verlängerter Arm des Schäfers die Herden begleiten, sind einige Merkmale gemeinsam:

Da ist einmal die mittlere Größe, die eine optimale Belastbarkeit für die Hüteaufgaben gewährleistet, körperliche Robustheit und wetterfestes Haarkleid, Ausdauer und Konditionsstärke durch ein gut bemuskeltes, nicht zu schweres Gebäude, Wendigkeit und Kraft.

Zum anderen müssen sich im Wesen des Hütehundes Intelligenz und viel Eigeninitiative mit absolutem Gehorsam und Einfühlungsvermögen paaren. Dazu eine kontrollierte, verhältnismäßig hohe Reizschwelle, die Fähigkeit, sich in der Herde Respekt zu verschaffen, und unbedingte Einsatzbereitschaft gegenüber Gefährdungen von außen.

All diese Eigenschaften machen den Schäferhund auch zu einem idealen Gebrauchs- und Familienhund.

„Bosses" übersehen oder überhört wird. Ob Regen oder Sonne, frostklirrender Wintertag oder glutheißer Sommer, Tag oder Nacht – stets ist der Hütehund wachsam und arbeitsbereit.

Der aufmerksame Helfer an der Herde

VIELSEITIGE SCHÄFERHUNDE

Der Deutsche Schäferhund entwickelte sich aus zwei im Aussehen stark unterschiedlichen Schäferhundtypen: dem wolfsgrauen, stehohrigen Thüringer Schäferhund (ein kleinerer, derber, sehniger Gebrauchshund) und dem stärker merkmalgebenden Württembergischen Schäferhund, ein stattlicher Bursche mit kräftigem Knochenbau, gut ausgeprägter Hinterhand, flottem Gangwerk und der für den Deutschen Schäferhund typischen Rutenhaltung.

Aus diesen beiden Rassen wurde durch ständig verbesserte und überwachte Zuchtauswahl der heutige Deutsche Schäferhund entwickelt.

Durch Zucht wurden die Hüteeigenschaften erhalten und noch verbessert, aber auch der Einsatzbereich erweitert: der ständige Begleiter von Schäfern und Schafen stellte seine bemerkenswerten Eigenschaften als Gebrauchshund im Schutz-, Polizei-, Militär-, Sanitäts- und Rettungsdienst unter Beweis. Und daß er sich seitdem auch als Begleit- und Sporthund

Grauer Schäferhund

Altdeutsche Schäferhunde haben ein längeres Fell.

Auch weiße Schäferhunde sind attraktiv.

dauernder Beliebtheit erfreut, zeigt einmal mehr seine Vielseitigkeit.

Wie oft begegnet uns der Schäferhund in den verschiedensten Bereichen des Lebens – im Alltag als kinderfreundlicher Familienhund und begeisterter Begleiter beim Joggen, Radfahren, Schwimmen und Reiten, als aufmerksamer Partner von Zollbeamten und Bahnpolizei, in den Medien, wo er immer wieder als beeindruckender Helfer im Rettungsdienst, bei der Suche nach Lawinen- und Trümmeropfern gezeigt wird, auf Hundeübungsplätzen als einsatzfreudiger Sportkamerad im Breitensport und Schutzdienst, auf Ausstellungen, wo die Schönheit seines Erscheinungsbildes die gebührende Bewunderung erfährt.

Der Grund für diese Beliebtheit liegt gleichermaßen in seinem ansprechenden Äußeren als auch in seinen vielseitigen ererbten Eigenschaften. Nicht zuletzt umgibt ihn aufgrund seiner Ähnlichkeit mit dem urzeitlichen Wolf ein geheimnisvoller Reiz, auch durch seine Verbindung zu Mythen und Märchen („Der Wolf und die sieben Geißlein" oder „Rotkäppchen und der Wolf").

Dieser Nimbus führt allerdings auch dazu, die Fähigkeiten des Schäferhundes zu überhöhen und sensationell aufzumachen („Rin-tin-tin", „Kommissar Rex").

DAS AUSSEHEN

Nach dem Rassestandard ist der Deutsche Schäferhund im Durchschnitt 60 cm groß und somit den mittelgroßen Rassen zuzurechnen. Wünschenswert ist bei Rüden eine Widerristhöhe von 60 bis 65 cm und bei Hündinnen von 55 bis 60 cm.

Der Körper ist leicht langgestreckt, kräftig und gut bemuskelt, die Gliedmaßen sind im Verhältnis zum tiefen, aber nicht zu breiten Rumpf so harmonisch zueinander gewinkelt, daß das Gangwerk flüssig und raumgreifend ist und ein ausdauerndes Traben ermöglicht. Das Gebiß ist sehr

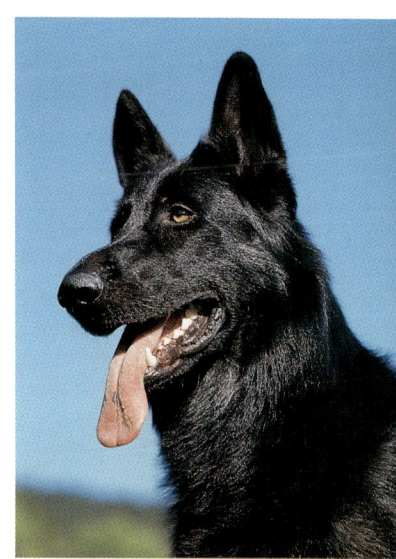

Schwarzer Schäferhund

kräftig und greift an den Schneidezähnen scherenartig übereinander.

Die Farben des Schäferhundes erinnern an seine Vorfahren: schwarz und alle Schattierungen von grau, mit braunen, gelben bis weißgrauen Abzeichen durchsetzt. Je nach Länge des Haarkleides unterscheidet man den stockhaarigen, den langstockhaarigen und den langhaarigen Deutschen Schäferhund. Der Allgemeineindruck sollte ein Bild von urwüchsiger Kraft, Wendigkeit und Wohlproportioniertheit bieten.

DIE BEDÜRFNISSE

Aufgrund der jahrhundertelangen Entwicklung als Hütehund haben sich beim Schäferhund Wesens- und Charaktereigenschaften herausgebildet, die den Wünschen vieler Hundefreunde unserer Zeit entgegenkommen. Im Gegenzug dazu ist der Liebhaber jedoch verpflichtet, die Bedürfnisse des Schäferhundes zu erfüllen.

Der Deutsche Schäferhund ist ein vielseitig begabtes Lauftier, deshalb benötigt er, angepaßt an sein jeweiliges Alter, ausreichend Aus-

Wer ist der Schönste?

DAS WESEN DES SCHÄFERHUNDES

Bewegung ist wichtig.

Das Wesen des Schäferhundes ist das eines ausgesprochen intelligenten und stets arbeitsfreudigen Gebrauchshundes, selbstsicher und temperamentvoll, aber auch – wenn er mit Konsequenz und Liebe erzogen wird – diszipliniert und voll aufmerksamer Kooperationswilligkeit, mutig, nervenstark und respekteinflößend.

Da die Gesundheit und die Möglichkeiten des Hundes wesentlich von dem im Rassestandard beschriebenen Erscheinungsbild und Wesen abhängen, sollte man schon bei der Anschaffung darauf achten, nur einen Deutschen Schäferhund zu erwerben,

der diesen Rassekennzeichen so nahe wie möglich kommt. Durch die Zuchtrichtlinien sind Zuchtbestrebungen, die der Gesundheit des Hundes abträglich sind und sich nur an einer zweifelhaften menschlichen Schönheitsvorstellung orientieren, ausgeschlossen.

Deshalb sei jedem Kaufinteressenten ans Herz gelegt, seinen Schäferhundwelpen ausschließlich bei einem anerkannten VDH-Züchter zu kaufen. Nur dann hat er die Gewißheit, daß in seinem Hund auch all die äußeren und inneren Qualitäten stecken, die der Deutsche Schäferhund zu bieten hat.

lauf. Allein mit Spaziergehen ist es dabei nicht getan. Der Hund muß während des Aufenthalts im Freien auch beschäftigt werden, indem Sie ihm Aufgaben stellen. Nicht nur der Körper, auch die Intelligenz des Hundes muß ständig trainiert werden, nur dann werden Sie als Besitzer seiner Veranlagung gerecht. Eine konsequente, geduldige Hand

sollte den Junghund begleiten und ein geregelter Tagesablauf sein Leistungsvermögen auslasten, damit aufkommende Unarten – meist Anzeichen für mangelnde Herausforderungen – bereits im Keim abgebogen werden.
Als Schoßhund, reines Prestigeobjekt oder Schmusetier ist der Deutsche Schäferhund nicht geeignet.

TIP: Sinnvoll betriebener Hundesport, eine Schutz- oder Fährtenhundausbildung etwa, sind eine ideale Möglichkeit, dem Arbeitswillen und der Lebensfreude des Hundes entgegenzukommen und das harmonische, befriedigende Miteinander zwischen Vier- und Zweibeiner ungemein zu festigen.

Alle Hunde lieben das Herumtollen in der Natur.

Planung und Kauf

Ein Schäferhund kommt ins Haus

Die Anschaffung eines Hundes betrifft die ganze Familie. Daher sollten alle an der Planung beteiligt sein. Denn das neue Familienmitglied braucht für die nächsten 10 bis 15 Jahre die Fürsorge und Kameradschaft aller.

Spielpause

Auch mit kleinen Kindern verträgt sich der gut geprägte Schäferhund.

Die Mutter hat schon die typischen Stehohren.

bzw. der Hausordnung vor individuellem Eigentümerrecht.

Ist die Haltung von Hunden oder anderen Haustieren untersagt, dann haben Sie schon von vornherein schlechte Karten. In diesem Fall kann nur noch ein freundliches Gespräch mit dem Vermieter oder den anderen Eigentümern zu einer Ausnahmegenehmigung führen.

Grundsätzlich ist es ratsam, immer die Zustimmung der Nachbarn einzuholen - auch wenn der Miet- oder Eigentümervertrag keine Regelung über die Tierhaltung enthält oder diese erlaubt.

Die Hundehaltung in einer Wohnung ist nicht immer unproblematisch, und es ist deshalb gut, wenn schon von vornherein ein entspanntes Nachbarschaftsklima besteht.

HUNDEHALTUNG ERLAUBT?

Bedenken wir zunächst die rechtliche Seite. Wenn Sie Ihre Mietwohnung mit einem Hund teilen wollen, sollten Sie als erstes den Mietvertrag zu Rate ziehen. Im Falle einer Eigentumswohnung gelten die Bestimmungen des Eigentümervertrages

Einer schöner als der andere!

Eine Regelung vor Gericht ist immer die schlechtere Lösung, weil der Ausgang nie vorauszusehen ist. Die Rechtsprechung zur Hundehaltung in Wohnungen ist von Land zu Land und oft auch von Gericht zu Gericht uneinheitlich.

TIP: Eine außergerichtliche Klärung vor der Anschaffung eines Hundes ist also immer der bessere Weg, als nach einem verlorenen Prozeß den inzwischen liebgewonnenen Hundefreund wieder weggeben zu müssen.

Sind Sie Besitzer eines Eigenheims, dann reduzieren sich eventuelle Probleme auf die Beziehungen zu Ihren Nachbarn. Sind sie intakt, kommt es auf die gute Erziehung Ihres Hundes an, daß das auch weiterhin so bleibt.

DER PLATZBEDARF

Sind die rechtlichen Belange geklärt, stellt sich die Frage: wo und wie kann unser neues Familienmitglied – nicht nur jetzt und heute, sondern auf viele Jahre – untergebracht werden? Generell sollte ein Zwinger allenfalls der kurzfristigen und vorübergehenden Unterbringung Ihres Hundes

Trotz unterschiedlicher Körpersprache können sie aneinander gewöhnt werden.

dienen, auch wenn er hundegerecht ausgestattet (Boden je zur Hälfte aus Holz bzw. wärmegedämmtem Estrich und Sand, isolierte Hundehütte) und geräumig ist (16–24 qm). Eine Zwingerhaltung wäre ohnedies nur dann möglich, wenn eigener Haus- und Grundbesitz das zulassen. Gerade der Schäferhund,

der von Herkunft und Veranlagung her auf das enge Zusammenleben und -wirken mit dem Menschen hin orientiert ist, braucht unbedingt den sozialen Kontakt zu seinem menschlichen Rudel, denn nur der befriedigt sein Bedürfnis nach Sicherheit und Zugehörigkeit und stärkt auch sein Selbstbewußtsein.

Es sei an dieser Stelle ausdrücklich betont, daß eine ausschließliche Zwingerhaltung, die nur zum Füttern, für kurze Spaziergänge oder ab und zu für den Übungsplatzbesuch unterbrochen wird, nicht ausreicht, den Hund zu einem anhänglichen, zuverlässigen und zufriedenen Familienmitglied werden zu lassen.

LIEGEPLATZ

Da Sie Ihren Hund in Haus oder Wohnung unterbringen, ist die Frage am wichtigsten, wo er seinen Ruheplatz haben soll. Wie oft werden Sie in den kommenden Jahren noch sagen: „Geh auf deinen Platz!" und froh sein, wenn Ihr Rocco oder Ihre Dina gehorsam den Liegeplatz aufsucht. Es sollte ein ruhiges, zugfreies Eckchen sein, ausgestattet mit einem geräumigen Korb mit einer waschbaren Einlage, denn nicht nur der junge, sondern auch der erwachsene Hund ruht bei vernünftiger Auslastung mehrere Stunden am Tage und sollte sein eigenes Reich haben, das auch die Kinder respektieren und das ihm Geborgenheit und Sicherheit vermittelt.

Als Zugtier sollte der Schäferhund nicht dienen.

TIP: Zwar sollte es ein ruhiges, aber kein entlegenes Eckchen sein, denn Ihr Hund hat alle Vorgänge in der Wohnung und die Mitglieder seines Rudels gern im Auge. Nur so entwickelt er auch das für sein Wohlbefinden nötige Zusammengehörigkeitsgefühl.

ZEIT

Ferner gilt es schon bei der Planung die Ansprüche des Hundes mit Beruf, Schule und Haushalt in Einklang zu bringen. An diesen Überlegungen sollte die gesamte Familie beteiligt werden. Wer führt den Hund aus? Ein eiliger Gang auf den Rasen genügt nicht. Ein ausgewachsener Schäferhund braucht täglich etwa 2 Stun-

Ein unzertrennliches Paar

den Bewegung im Freien –
nicht etwa das Ableisten einer bestimmten Kilometerzahl, sondern neben dem
disziplinierten Laufen an
der Leine auch Spielen, Toben, Beschäftigung und Anregung.

Wer befaßt sich mit der Erziehung des Hundes? Konsequent und nach vorher
festgelegten „Hausregeln"
sollte jedes Familienmitglied mit ihm umgehen.
Aber die eigentliche Erziehung oder gar weitere Ausbildung sollte in einer Hand
liegen, denn Ihr Schäferhund braucht in der hierarchischen Rangordnung seines Weltbildes ein „Leittier", dem er sich bedingungslos unterordnet.
Beziehen Sie in Ihre Überlegungen auch den Zeitaufwand für Futterbeschaffung, Tierarztbesuche, Pflege und ein Spielchen zwischendurch mit ein.

Hundekauf ist Vertrauenssache: Gehen Sie zum seriösen Züchter.

KOSTEN

Ein Hund kostet nicht nur
Zeit, sondern auch Geld,
und dies nicht nur bei der
Anschaffung, sondern Jahr
für Jahr. Die größte Ausgabe
ist nicht der Kaufpreis des
Welpen, vielmehr die Unterhaltskosten.
Der verhältnismäßig große
Schäferhund kommt nicht
unbedingt teurer als ein
kleiner. In der Anschaffung
ist ein Schäferhund aus guter Zucht oft weniger teuer

als ein ausgefallener Modehund im Miniformat. Bei
der Haftpflichtversicherung
werden im allgemeinen keine Unterschiede nach der
Größe gemacht. Auch die
Hundesteuer ist für alle Rassen und Größen gleich.
Die Tierarztkosten können
bei empfindlichen überzüchteten Modehunden wesentlich höher zu Buche
schlagen als bei einem robusten Schäferhund. Die Kosten für die regelmäßigen
Impfungen und Wurmku-

Auf Entdeckungstour

EINE GUTE KINDERSTUBE

Schauen Sie sich den Zwinger, für dessen Welpen Sie sich interessieren, aufmerksam an. Wie ist der Wurf untergebracht? Ist die Unterkunft sauber? Haben die Welpen ausreichend Auslauf, können sie spielen und balgen, haben sie Spielzeug zur Verfügung? Haben sie Kontakt zu verschiedenen Menschen, vor allem Kindern, und anderen Heimtieren? Wie verhalten sich die Welpen gegenüber Ihnen und ihrem Betreuer? Sind sie unbefangen und anhänglich oder ängstlich und scheu? Sind sie womöglich schon ans Autofahren gewöhnt? Auch als Laie können Sie sich so einen wichtigen ersten Eindruck verschaffen. Denn diese Prägung ist ein wichtiger Start für Ihren künftigen Begleiter.

ren sind größenunabhängig.

Lediglich die Futterkosten sollten bei einem größeren Hund höher veranschlagt werden. In diesem Bereich sollten Sie auch nicht sparen. Dabei kommt es weniger auf die Quantität als vielmehr auf die Qualität an.

Viele unvorhergesehene Kosten können den Geldbeutel belasten, etwa höhere Tierarztkosten im Alter oder aufgrund eines Unfalls oder einer Beißerei oder Mehraufwendungen im Urlaub – einerlei, ob Sie Ihren Hund mitnehmen oder anderweitig unterbringen. Vielleicht muß sogar ein neues Auto angeschafft werden, weil das alte für Familie und Hund nicht mehr ausreicht.

ANDERE HEIMTIERE

Haben Sie bereits Heimtiere? Dann überlegen Sie, wie ein Schäferhund dazu paßt. Wenn Sie einen Welpen anschaffen, so ist die Chance groß, daß er sich den Umständen, in die Sie ihn versetzen, anpaßt. Bei einem erwachsenen Familienzuwachs könnte es schon problematischer werden, denn der Hund bringt Erfahrungen aus seinem Vorleben mit und ist nicht mehr so anpassungsfähig wie ein Welpe.

Nicht immer deckt sich das rührende Illustriertenbild vom Kätzchen, das sich an seinen großen vierbeinigen Freund kuschelt, mit der Wirklichkeit. Ihr Kater, der Wohnung oder Haus bisher souverän allein „beherrschte", wird unter Umständen beträchtliche Probleme mit dem „Eindringling" haben und ihm nachdrücklich klarmachen, wer die älteren Rechte besitzt. Oder er wird durch den neu hinzukommenden Hausgenossen derart verunsichert, daß er sich in seinem Verhalten völlig verändert.

Sie fühlen sich wohl, denn bei Mutter schmeckt es am besten.

Ähnliche Auswirkungen können sich auch bei anderen Heimtieren wie Vögeln, Zwergkaninchen usw. zeigen. Alle Tiere werden schrittweise unter ständiger Aufsicht miteinander bekanntgemacht und langsam aneinander gewöhnt.

KINDER

Auch Kinder, selbst wenn sie sich noch so sehr auf den Hund freuen, können für Spannungen sorgen. So wie der Hund lernen muß, die Familienmitglieder als höherrangig zu respektieren, muß Kindern rechtzeitig klargemacht werden, daß ein Hund kein jederzeit verfügbares Spielzeug ist und seine Ruhezeiten braucht.

Der Schäferhund hat aufgrund seiner Erbanlagen ein ausgeprägtes Schutz- und Fürsorgeverhalten

Das Zubehör sollte bereitstehen, wenn der Welpe ins Haus kommt.

entwickelt. Das harmonische Miteinander in der Familie samt Kindern und etwaigen anderen Heimtieren hängt wesentlich davon ab, wie konsequent und einfühlsam der Hund durch die Erziehung in die Familienhierarchie eingebunden wird (siehe dazu Seite 40.)

Unter diesen Voraussetzungen kann ein Schäferhund ein wunderbarer Kamerad für Kinder sein, der ihnen treu zur Seite steht und immer geduldig zuhört.

ERFÜLLT EIN SCHÄ-FERHUND MEINE ERWARTUNGEN?

Sind Sie ein Mensch, der die Bewegung im Freien liebt, der sich in seiner Freizeit gern und viel in der Natur aufhält und Wind und Wetter nicht scheut? Wünschen Sie sich einen Hund, der sich bei artgerechter Haltung und Erziehung in sein Rudel einfügt und mit aller Hingabe seine Aufgabe als

Kamerad und Beschützer erfüllt?

Suchen Sie einen Hund, der als vielseitiger Gebrauchshund und Begleiter beim Sport im Freien mit Ihnen durch dick und dünn geht? Dann haben Sie mit einem Schäferhund die richtige Wahl getroffen!

Soll aber der Schäferhund vor allem Ihre Einsamkeit vertreiben, Sie ansonsten aber möglichst in Ruhe lassen, dann ist er sicherlich nicht der richtige Partner. Suchen Sie einen Hund zur Repräsentation oder vielleicht zur Abschreckung, dann sollten Sie keinen Schäferhund wählen. Wollen Sie einen „Spielhund" für Ihre Kinder anschaffen, dann vergessen Sie den Schäferhund, denn er ist kein Kinderspielzeug. Wenn Sie aber ein aktiver Mensch sind und mit einem ebenso aktiven Hund viele schöne Erlebnisse teilen wollen, dann ist der Deutsche Schäferhund die richtige Wahl.

Ein sportlicher Kamerad bei jedem Wetter

wenn man ein so niedliches kleines Wesen auf dem Arm hält, das man am liebsten gleich mit nach Hause nehmen möchte. Daher sollten Sie sich Zeit nehmen. Leider spekulieren gerade in letzter Zeit viele unseriöse Hundehändler und -vermehrer mit diesen Gefühlen der Kunden und verursachen damit vielfach Enttäuschungen bei Hundefreunden und Leid bei den Hunden aus der „Fließbandzucht".

TIP: Kaufen Sie nicht übereilt, und lassen Sie sich fachlich gut beraten!

DIE QUAL DER WAHL

Ob Sie einen Rüden oder eine Hündin wählen, ist eine Frage der persönlichen Einstellung. Ein Rüde ist im allgemeinen draufgängerischer, selbstbewußter und „härter". Die Hündin ist meist leichter zu führen und auszubilden und anhänglicher. Sie wird ein-

WO KAUFEN?

In dieser Frage sind die Rassezuchtvereine bzw. der Verband für das Deutsche Hundewesen e.V. (VDH) die zuverlässigsten Ansprechpartner. Dort erhalten Sie Anschriften von anerkannten Züchtern in Ihrer Nähe, die gerade Welpen haben.

Der Hund sollte nicht nur mit Herz und Gefühl, sondern auch mit Kopf und Verstand gekauft werden! Das ist sicher nicht einfach,

oder zweimal im Jahr für 3 Wochen läufig. In den kritischen Tagen muß man sie gut beaufsichtigen, wenn kein Nachwuchs erwünscht ist.

Letztlich spielt jedoch weniger das Geschlecht als vielmehr die Qualität der Erziehung und Ausbildung eine Rolle.

Wenn Sie einen Welpen kaufen, nehmen Sie sich Zeit bei der Auswahl. Lassen Sie sich das Muttertier und den gesamten Wurf zeigen. Häufig haben Sie noch die Chance, eine Auswahl zu treffen. Hinweise für einen kleinen Wesenstest, der Ihnen Aufschluß über die Veranlagung des von Ihnen

ausgesuchten Welpen bieten kann, gibt Ihnen jeder Zuchtwart eines VDH-Vereins gern.

Kaufen Sie einen Welpen, so haben Sie die nicht zu unterschätzende Gelegenheit, die Entwicklung des Hundes von seiner 9. oder 10. Lebenswoche an zu gestalten, müssen allerdings auch alle materiellen und zeitlichen Belastungen der Aufzucht auf sich nehmen. Beim Kauf eines älteren Hundes entfallen die Aufzuchtsorgen. Dafür werden Sie evtl. mit Unarten konfrontiert, die Sie unter Umständen mit viel Geduld korrigieren müssen. Es könnte auch sein, daß die

Mensch-Hund-Beziehung nicht so innig wird wie im Falle eines Welpen. Kommt der ältere Hund aber aus guten Händen und hat der Vorbesitzer sich liebevoll um das Tier gekümmert, dann kann auch ein älterer Hund noch viel Freude in die Familie bringen.

DER KAUF

Beim Kauf sollten Sie sich auf jeden Fall den Impfpaß aushändigen lassen. Ein guter Züchter wird immer Wert darauf legen, daß die notwendigen Schutzimpfungen korrekt vorgenommen wurden. Darauf sollten Sie auch achten, wenn Sie einen älteren Hund erwerben. Liegt kein Impfpaß vor, oder werden Sie mit fadenscheinigen Ausreden abgespeist, ist immer äußerste Vorsicht geboten.

Einen Kaufvertrag abzuschließen ist immer ratsam. Darin sollte besonders bei älteren Hunden die Möglichkeit der Rückgabe ver-

Schäferhunde lieben solche Zerrspiele.

TIP: Die Ahnentafel, die von dem zuständigen Zuchtbuchamt amtlich ausgestellt wird und den erworbenen Hund als Rassehund ausweist, gehört stets zum Hund und ist Ihnen als dem neuen Besitzer auszuhändigen.

Die Leine schützt vor Gefahren.

Hier gibt es immer was zu schnüffeln.

merkt sein, wenn sich nach dem Kauf versteckte Mängel im gesundheitlichen Bereich oder im Verhalten des Hundes (Aggressivität u.ä.) herausstellen sollten.

VORBEREITUNGEN

Bevor der Hund vom Züchter oder Vorbesitzer abgeholt wird, ist es ratsam, die bisherigen Futterzeiten zu erfragen und möglichst das bisher verwendete Futter zu

So wird der Welpe richtig gehalten und getragen.

beschaffen und vorerst beizubehalten. Die Umstellung auf die neue Umgebung ist für den Hund schon belastend genug und sollte nicht zusätzlich durch eine Futterumstellung erschwert werden.

Außerdem sollte der Ruheplatz ausgewählt und vorbereitet sein. Sichern Sie elektrische Kabel und räumen Sie vorsorglich „knabbergefährdete" Dinge beiseite, die Ihnen am Herzen liegen. Denken Sie bei der räumlichen Planung daran, daß Welpen keine Treppen steigen dürfen (möglichst auch Junghunde bis zu 12 Monaten nicht), um Bänder und Hüftgelenke nicht über Gebühr zu belasten. Für die Abholung eines Welpen brauchen Sie ein

weiches Lederhalsband und eine leichte Führleine.

ABHOLEN DES WELPEN

Holen Sie Ihren Welpen mit dem Pkw ab, so machen Sie sich am besten zu zweit auf den Weg, denn der Fahrer kann nicht gleichzeitig den Pkw steuern und sich um den Hund kümmern. Einige Hunde, besonders aber Welpen, vertragen das Autofahren nicht. Daher ist es gut, vorsorglich einen gro-

ßen Lappen oder Küchen-
tücher mitzunehmen.
Bei einem längeren Weg
sollten Sie eine Transport-
box verwenden, die man
auch leihen kann. Häufige
Pausen können vorbeugen,
daß der Hund womöglich
den Wagen verschmutzt.
Halten Sie den Welpen au-
ßerhalb des Autos aber an
der mitgebrachten Leine,
damit er Ihnen nicht in Panik davonrennt oder vor ein
Auto läuft.

EINGEWÖHNUNG

Geben Sie Ihrem Hund Ge-
legenheit, sich zu lösen, bevor Sie ihn in sein neues
Heim führen. Anschließend
genügt eine kurze Begrü-
ßung durch die Familie; er
sollte erst einmal zur Ruhe
kommen können, denn die

Gut erzogen, bleiben Nachbars Enten unbehelligt.

Kleine Gesten erhalten die Freundschaft.

Trennung vom gewohnten
Umfeld verursacht ohnehin
schon genug Streß.
Bei der Erkundung der neu-
en Umgebung sollte der
Welpe vorsichtshalber be-
aufsichtigt werden. Stellen
Sie ihm dort, wo er seinen
Freßplatz haben soll, ein
Schälchen mit frischem
Trinkwasser hin und zeigen
Sie ihm seinen zukünftigen
Ruheplatz, damit er sich
nach einem ersten Erkun-
dungsgang hinlegen kann.
Die erste Mahlzeit reichen

Sie ihm, nachdem er etwas zur Ruhe gekommen ist, zu seiner gewohnten Fressenszeit. Daß er zunächst sein gewohntes Futter bekommt, ist selbstverständlich.

TIP: Am günstigsten ist es, für die Eingewöhnung eines Hundes ein paar freie Tage einzulegen. Damit hat er für die allererste Zeit eine Rundumbetreuung, die ihm das Einleben in der neuen Umgebung wesentlich erleichtert. Wenn Sie sich einen Welpen ins Haus holen, ist das ohnehin erforderlich, denn die ersten Nächte werden unruhig sein.

STUBENREINHEIT

Anfangs sollten Sie den Welpen tagsüber etwa alle zwei Stunden zum Lösen nach draußen bringen, nachts alle drei bis vier Stunden. Das ist zwar zunächst etwas stressig, aber nach einigen Tagen und Nächten wird sich der Hund an die neue Umgebung, den Tagesrhythmus und die Freß-, Schlaf- und Ausgehzeiten gewöhnt haben.
Am leichtesten machen Sie es sich und Ihrem Welpen, wenn Sie nachts seinen Korb in die unmittelbare Nähe Ihres Bettes stellen. Dann wachen Sie am ehe-

sten durch „verdächtige" Geräusche des Kleinen auf und können ihn rasch nach draußen bringen. Und durch Ihre Nähe beruhigt, wird Ihr Welpe, der bisher die ständige wärmende Nähe der Wurfgeschwister gewöhnt war, die Angst des Verlassenseins überwinden und ruhiger schlafen.

VERSICHERUNGEN

Es ist dringend ratsam, möglichst schon vor der Abholung des Hundes eine Hundehalterhaftpflichtversicherung abzuschließen. Gesetzlich gefordert ist sie nicht, für einen verantwortungsbewußten Hundehalter jedoch unerläßlich. Verlassen Sie sich nicht darauf, daß ein junger Hund

Hoffentlich kein Fall für die Haftpflichtversicherung!

noch keine nennenswerten Schäden anrichten kann. Gerade verspielte, noch unerzogene junge Hunde können schwerwiegende Unfälle verursachen.

Beaufsichtigte Hundekontakte dienen der Sozialisierung.

Toben, Rennen und Schwimmen machen hungrig und durstig.

Schäferhunde richtig füttern

Liebe geht immer durch den Magen

Gesunde Hundenahrung darf nicht nur aus Fleisch bestehen; pflanzliche Bestandteile sollten gut ein Drittel ausmachen.

Belohnungshäppchen bitte in die tägliche Futtermenge mit einrechnen!

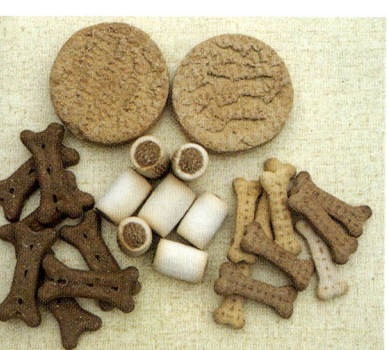

Hundekuchen

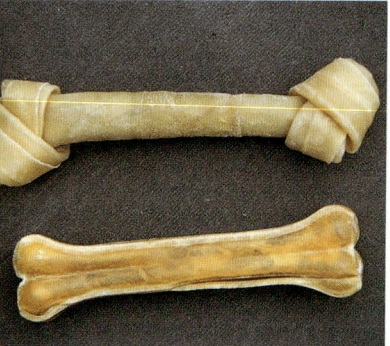

Kauknochen

Hunde sind Beutetierfresser. Ihre Vorfahren, die Wölfe, stürzen sich bei einer Beute zuerst auf die Innereien und erst danach auf das Muskelfleisch. Das in den Gedärmen vorverdaute Grünfutter sowie Leber, Herz und Milz sind besonders vitaminreich und daher wichtig für die Gesundheit.Das Muskelfleisch versorgt mit tierischem Eiweiß und dient der Sättigung. Zuletzt wurden dann noch die Knochen abgenagt.

FERTIGFUTTER

Die Beschaffung und Verarbeitung von meist stark riechenden Schlachtabfällen und Innereien wie Blättermagen und Pansen ist nicht jedermanns Sache. Zudem gehört viel Wissen und Erfahrung dazu, bei selbstgekochtem Hundefutter alle wichtigen Inhaltsstoffe in den genau erforderlichen Mengen zusammenzustellen.

Das im Zoofachhandel angebotene Fertigfutter ist da eine gute Alternative. Sie können davon ausgehen, daß hochwertiges Hundefertigfutter dem derzeitigen Wissensstand über moderne Hundeernährung entspricht.

Es gibt zwei Arten von Fertignahrung: Zum einen Vollnahrung (Alleinfutter), die bereits Fleisch und pflanzliche Bestandteile im richtigen Mischungsverhältnis sowie alle nötigen Vitamine und Mineralstoffe enthält. Vollnahrung gibt es in Dosen, als Feuchtfutter und Trockenfutter.

Zum anderen gibt es reines Fleisch in Dosen, das noch mit pflanzlichen Flocken gemischt werden muß.

Sie werden bald selbst die Erfahrung machen, welche Fertignahrung speziell Ihrem Hund gut bekommt, denn die individuellen Empfindlichkeiten und Vorlieben seines Vierbeiners hat jeder Hundehalter bald heraus. Eine bestimmte Futtersorte, die dem einen Hund hervorragend bekommt, kann bei dem anderen zu Durchfall oder Hautproblemen führen. Außerdem gibt es unter den Hunden gute Futterverwerter und andere, die selbst bei bester Verköstigung immer wie unterernährt aussehen.

TIP: Es ist empfehlenswert, ab und zu die Futtermarke zu wechseln; damit vermeiden Sie, daß sich Ihr Hund auf eine Sorte festlegt. Zum Beispiel im Urlaub kann es praktisch sein, statt des sonst verwendeten Dosenfutters Trockennahrung mitzunehmen.

ZUSATZSTOFFE

Zusatzpräparate sollten vorsichtig und möglichst nur nach Rücksprache mit dem Tierarzt oder Fachleuten gegeben werden. Oft machen die abenteuerlichsten Empfehlungen die Runde. Ein gesunder Hund wird bei ausgewogener Ernährung und ausreichender Betätigung nur in Ausnahmefällen auf Zusatzstoffe angewiesen sein.

Überdosierte Vitamingaben etwa (vor allem Vitamin A und D) können zu schweren Gesundheitsschäden führen.

Welpen und Junghunde erhalten in Absprache mit dem Tierarzt Aufbaupräparate.

TIP: Mischen Sie bei einem Futterwechsel schrittweise immer größere Anteile der neuen Sorte unter die alte, so daß der Organismus sich langsam daran gewöhnen kann.

FÜTTERUNGSHINWEISE

Ebenso wichtig wie eine gesunde Ernährung Ihres Hundes ist die regelmäßige Gabe der täglichen Mahlzeiten.

Die Napfhöhe kann mitwachsen.

Läßt Ihr Hund Reste im Napf zurück, entfernen Sie diese und reduzieren bei der nächsten Mahlzeit die Futtermenge entsprechend. Außerhalb der Futterzeiten steht die Futterschüssel leer und gereinigt an ihrem Platz. Sauberes Trinkwasser muß dagegen ständig zur Verfügung stehen.

Achten Sie darauf, daß das Futter frisch ist (Haltbarkeitsdatum) und nicht kalt aus dem Kühlschrank, son-

Wer kann da schon widerstehen?

dern lauwarm gefüttert wird. Trockenfutter sollte in lauwarmem Wasser eingeweicht werden.

KAUKNOCHEN UND LECKERBISSEN

Die im Zoofachhandel erhältlichen Kauartikel aus Büffelhaut können dazu beitragen, das Gebiß des Hundes zu festigen und zu reinigen. Außerdem verschaffen sie dem Hund manche Stunde vergnüglicher Beschäftigung. Für den Schäferhund sollten Sie solche Kauartikel in entsprechender Größe aussuchen. Auch Hundekuchen und ähnliche Leckerbissen sind bei den Vierbeinern beliebt, in der Erziehung dienen sie als praktische Belohnungshäppchen. Allerdings sollte man sie in die tägliche Futtermenge einrechnen, damit der Schäferhund nicht zu dick wird.

SPEZIALNAHRUNG

Verständlicherweise braucht ein Welpe oder Junghund, bei dem sich Körper und Seele innerhalb weniger Monate entwickeln, eine andere Ernährung als ein alter Hund, der einen anderen Nährstoffumsatz und einen geringeren Energiebedarf hat, oder ein Leistungshund, der einer ständigen körperlichen und mentalen Belastung ausgesetzt ist. Für diese speziellen Bedürfnisse gibt es jeweils abgestimmte Fertigfutter, die den besonderen Bedarf des Hundes berücksichtigen. Lassen Sie sich vom Tierarzt oder Ihrem Züchter, die Ihren Hund, seine Konstitu-

TIP: Ist Ihr Hund zu dick geworden, dann sollten Sie sich vor dem Griff zum Spezialfutter zuerst einmal Gedanken machen, ob nicht die Reduzierung der Futtermenge, der Verzicht auf die vielen Leckerchen oder intensivere Bewegung ebenso zum Erfolg führen.

Auch für ältere Hunde gibt es geeignete Nahrung.

WAS DARF NICHT GEFÜTTERT WERDEN?

Essensreste, die meistens gewürzt sind, rohes Schweinefleisch oder rohes Ei gehören nicht in die Futterschüssel. Verzichten Sie auch auf jegliche Röhren- und Geflügelknochen, denn sie splittern leicht und verursachen damit Verletzungen in Maul, Schlund und Verdauungstrakt. Knochen führen zudem oft zu Verstopfungen, besonders bei älteren Hunden.
Vermeiden Sie zuckerhaltige Leckerchen, natürlich auch Schokolade. Im guten Zoofachhandel ist die Auswahl an Belohnungshäppchen groß, die dem Hund ebensogut schmecken und dazu noch gesund sind.

Sportlich aktive Schäferhunde benötigen mehr Energie.

tion und seine Leistungsfähigkeit gut kennen, diesbezüglich beraten.
Gutgemeinte Ratschläge anderer Hundehalter, die nicht selten wiederspüchlich sind, sollten nicht unkritisch hingenommen und befolgt werden.
Bei einem kranken Hund sollten Sie generell auf eigenes Experimentieren mit Spezialfutter verzichten und ihn ausschließlich nach den Vorschriften des Tierarztes ernähren. Er wird Ihnen ggf. Medizinalfutter empfehlen.

UNARTEN

Wer wüßte es nicht: Hunde sind begabte Bettler, wenn es ums Fressen geht. Die Augen schauen schmelzend bis fordernd, die Lefzen werden feucht, und unverwandt ruht ihr Blick auf der Person, von der sie ein Häppchen erwarten. Dem ist oft kaum zu widerstehen. Passiert dies dann bei einem Restaurantbesuch auch Fremden gegenüber, kann es schon peinlich werden.
Deshalb widerstehen Sie lieber gleich von Anfang an schmelzenden oder fordernden Blicken, wenn Sie den Bettelstreß nicht ein Hundeleben lang hinnehmen möchten. Denn es ist äu-

ßerst schwierig, einmal eingerissene – und von Ihnen tolerierte! – Unarten wieder abzugewöhnen.
Mit einem energischen „Pfui! Aus!" muß schon dem Junghund klargemacht werden, daß Betteln zwecklos ist, und zwar ohne jede Ausnahme, in jeder Lebenslage und bei allen Familienmitgliedern. Das gilt auch für das Stehlen vom Tisch. Wenn Ihr Hund hinter Ihrem Rücken stiehlt, arrangieren Sie am besten Situationen, die ihm das Klauen ermöglichen, legen sich unbemerkt auf die Lauer und ertappen ihn auf frischer Tat. Ihr Hund lernt dann: „Meinem Menschen entgeht einfach nichts" und läßt es bleiben.

Pflege und Gesundheitsvorsorge

Schäferhunde richtig versorgen

Die wirkungsvollste Gesundheitsfürsorge für den Hund ist eine ausgewogene Ernährung, eine dem Hund gerechte Unterbringung, ein der Rasse entsprechendes Gewicht, viel liebevolle Zuwendung und vor allem ausreichende Bewegung.

Wenn dann noch, besonders beim Junghund, eine regelmäßige tierärztliche Kontrolle hinzukommt, ist für die Gesunderhaltung unseres Freundes eine solide Basis geschaffen. Ganz normale Hygiene schützt vor Infektionen, die vom Hund auf den Menschen oder umgekehrt übertragen werden könnten. Daher sollte auf alle übertriebenen Liebesbeweise wie Abküssen, Abdrücken und die Mitnahme des Hundes ins Bett verzichtet werden. Das regelmäßige Händewaschen nach jedem Umgang mit dem Hund oder nach

Ein Bad im sauberen Teich reicht für die Fellpflege meistens völlig.

Er ist rundum gesund und gut gepflegt.

Beide sollen sich früh daran gewöhnen.

der Reinigung seiner Lagerstatt beziehungsweise das Desinfizieren bei Verdacht auf eine Erkrankung des vierbeinigen Hausgenossen dürfte selbstverständlich sein.

Der gut gepflegte Hund verursacht übrigens weniger Gefahren für den Menschen als umgekehrt. Behalten Sie Ihren Hund, auch wenn er beim Spaziergang abgeleint umherstreift, nach Möglichkeit ständig im Auge, um zu vermeiden, daß er unkontrolliert verdorbene Nahrungsreste, Unrat, Kot von fremden Hunden oder gar Giftköder aufnimmt.

TIP: Oft werden aber auch Krankheiten und Parasiten von Hund zu Hund übertragen. Daher sollten Sie den Kontakt Ihres Hundes mit fremden Vierbeinern, die in der Gegend herumstreunen und deren Besitzer Sie nicht kennen, nicht unbedingt fördern.

DIE PFLEGE

Der Schäferhund ist von Natur aus verhältnismäßig pflegeleicht. Er muß weder getrimmt noch geschoren werden. Das Haarkleid paßt sich regelmäßig, in unseren Breiten zweimal, durch Fellwechsel den veränderten klimatischen Verhältnissen an. Das Sommerfell ist dünner, die Unterwolle fast ganz verschwunden. Im Winter kräftigt sich das Deckhaar wieder, und eine dichte Unterwolle schützt den Hund gegen Kälte und Nässe. Sie können den Fellwechsel durch tägliches mehrmaliges Bürsten beschleunigen.

Auch in der übrigen Zeit sorgt das regelmäßige Bürsten für ein glattes, glänzen-

Pflegehandschuhe striegeln und streicheln zugleich.

des Fell. Dabei sollten Sie gleichzeitig auf eventuelle Haut- oder Fellerkrankungen und auf Ungeziefer und Verletzungen achten. Unter dem dichten Fell werden Ekzeme, Verletzungen und Entzündungen oft erst sehr spät erkannt und sind dann schwer zu behandeln. Daher ist die aufmerksame Kontrolle wichtig.

Ein gut gepflegtes und gesundes Fell ist das Aushängeschild des verantwortungsbewußten Hundehalters und des vorzeigbaren Hundes.

BADEN

Ob ein Hund öfter gebadet werden soll oder darf, darüber bestehen in Fachkreisen unterschiedliche Ansichten. Hierbei spielt die Art der Unterbringung sicher eine Rolle. Das Bedürf-

nis, den Hund ab und an zu baden, wird sicher bei der Haltung in einer Etagenwohnung größer sein, als wenn man die Gelegenheit hat, den Hund im Zwinger „vortrocknen" zu lassen. Und nicht jeder Hundehalter kann seinem Hund ein Bad in einem sauberen Gewässer bieten.

Beim Baden sollte das Wasser handwarm sein. Verwenden Sie ein spezielles Hundeshampoo, spülen sie ihn gründlich ab und rubbeln Sie ihn mit einem Badetuch trocken. Während das Fell trocknet, darf der Hund nicht der Zugluft ausgesetzt sein. Lassen Sie ihn erst dann wieder nach draußen, wenn er völlig trocken ist. Dasselbe gilt auch für medizinische Bäder, die wegen

Auch die Ohren bedürfen regelmäßiger Kontrolle.

eventueller Haut- oder Haarerkrankungen des Hundes notwendig werden könnten.

GEBISS

Für das Wohlbefinden unseres Haushundes ist ein gesundes, festes und sauberes Gebiß unerläßlich. Durch das überwiegend weiche Futter entstehen ständige Gefahren für das Gebiß: Speisereste verfangen sich zwischen den Zähnen, die Kauflächen werden nicht ausreichend beansprucht, das Zahnfleisch erschlafft, und Zahnstein setzt sich an. Zahnfleischentzündungen und -geschwüre sowie Fremdkörper können Anlaß für üblen Geruch aus dem Fang sein. Darum müssen wir Maul und Gebiß unseres Hundes ständig kontrollieren.

TIP: Vorbeugend wirkt ein Büffelhautknochen oder harter Hundekuchen, den der Hund abends knabbern kann. Damit wird das Gebiß gut gereinigt und das Zahnfleisch gefestigt.

Bei eingeklemmten oder eingespießten Fremdkörpern, vor allem in den Weichteilen des Maul- und Rachenraumes, sollte man immer einen Tierarzt zu Rate ziehen, da diese häufig zu unangenehmen Entzündungen führen.

OHREN

In gewissen Abständen müssen auch die äußeren Ohrmuscheln nachgesehen und mit Hilfe eines Schwammes von Ohrenschmalz befreit werden. Schüttelt oder kratzt sich der Hund häufig die Ohren oder tritt gar ein Ausfluß aus, besteht der Verdacht einer Gehörgangsentzündung. Auch hier ist ein Gang zum Tierarzt unerläßlich.

KRALLEN

Falls die Krallen zu lang werden (zu geringe Bewegung) oder splittern (falsche Ernährung), sollten Sie sie mit Hilfe einer im Zoofachgeschäft erhältlichen Krallenzange kürzen. Achten Sie aber darauf, daß Sie nicht zuviel Krallenhorn entfernen, sonst entsteht eine Blutung.

GESUNDHEITSVOR-SORGE

Auch bei Hunden gibt es, ähnlich wie bei den Menschen, anfällige und robustere Individuen. Der Schäferhund ist von Natur aus eher ein widerstandsfähiger Hund. Dennoch sollten ei-

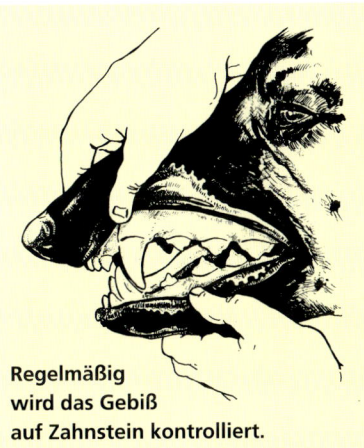

Regelmäßig wird das Gebiß auf Zahnstein kontrolliert.

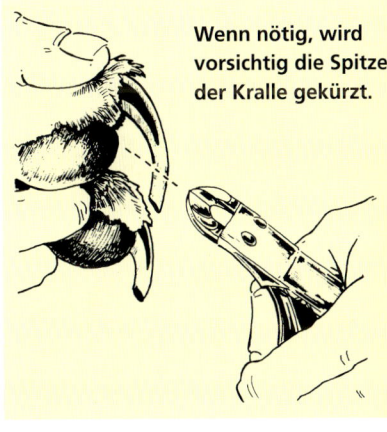

Wenn nötig, wird vorsichtig die Spitze der Kralle gekürzt.

nige Empfehlungen auch bei dieser Rasse beachtet werden.

Vorbeugen ist besser als Heilen. Diesen Ratschlag sollte man schon beim Kauf eines Welpen beachten. Kauft man einen Hund bei irgendeinem dubiosen Hundehändler, der Tiere aus irgendwelchen nur kommerziell ausgerichteten Massenzüchtungen an den Mann bringt, dann darf man sich auch nicht wundern, wenn man an ein für Krankheiten anfälliges, körperlich und wesensmäßig vorgeschädigtes Geschöpf gerät. Leider kann dies auch durch beste Pflege und Haltung meist nicht mehr behoben werden.

Um eine gesunde körperliche und auch geistige Entwicklung unseres Hundes zu fördern, ist es wichtig, sich für die jeweiligen Altersstufen die Grenzen der Belastbarkeit vor Augen zu halten: Einen erwachsenen Hund am Fahrrad laufen zu lassen fördert Gesundheit und Wohlbefinden. Wird jedoch eine solche Belastung einem noch nicht ausgewachsenen Hund zugemutet, dann sind Schäden an Bändern, Sehnen und Gelenken schon vorprogrammiert.

Wenn Sie aber das Laufen am Fahrrad ständig trainieren, die Strecken allmählich steigern und darauf achten, daß der Hund nicht im Galopp, sondern in einem zü-

TIP: Neben einem regelmäßigen, dem Alter entsprechenden Training gehört zur vorbeugenden Gesundheitsfürsorge auch die regelmäßige Impfung und Parasitenbekämpfung.

gigen Trab nebenherläuft, dann beugen Sie einer frühzeitigen Alterung des erwachsenen Hundes vor.

IMPFUNGEN

Gegen die gefährlichen Viruskrankheiten gibt es heute hochwirksame Impfstoffe. Bereits der Welpe sollte 1 bis 2 Wochen nach dem Abstillen mit einer kombinierten Impfung geschützt werden. Verantwortungsvolle Züchter geben nur entwurmte und schutzgeimpfte Welpen ab. Für die regelmäßigen Auffrischungsimpfungen sind Sie als Besitzer zuständig. Das dient der Gesunderhaltung Ihres Hundes, aber auch Ihrer eigenen Sicherheit und der Ihrer Umwelt.

Um die notwendigen Termine nicht zu übersehen, erhalten Sie vom Züchter oder von Ihrem Tierarzt einen internationalen Impfpaß ausgehändigt, aus dem Sie die

nächsten Impftermine ersehen können. Bei Reisen, besonders in tollwutgefährdete Gebiete oder ins Ausland, dient der Impfpaß als Nachweis für einen vorhandenen Tollwutimpfschutz.

PARASITEN

Hierbei handelt es sich einmal um die im Körper des Hundes befindlichen Endoparasiten, die, für den Hundehalter oft nicht ersichtlich, dem Hund von innen her Schaden zufügen. Es handelt sich dabei um Würmer, deren Eier und Larven. Sie sind bei befallenen Hunden, je nach Entwicklungsstadium, im Magen- und Darmbereich, im Blutkreislauf, in Lunge, Luftröhre und Mundhöhle anzutreffen. Diese Schmarotzer sind von Welpen und Junghunden schwer zu verkraften und können die Entwicklung nachhaltig stören. Daher sollten zur Sicherheit

IMPFPLAN	
Alter	**Impfung gegen**
6– 8 Wochen	Parvovirose, Zwingerhusten
8–10 Wochen	Staupe, HCC, Leptospirose
10–12 Wochen	Parvovirose, Zwingerhusten
12–14 Wochen	Staupe, HCC, Leptospirose, Tollwut
Jährliche Wiederholung	Leptospirose, Parvovirose, Zwingerhusten, Tollwut
Wiederholung alle 2 Jahre	Staupe, HCC

Mögliche Parasiten: Flöhe (a) und Zecken (b, c).

schon die Welpen mit milden Wurmmitteln behandelt werden.

Aber auch bei älteren Hunden sollten Sie jährlich einmal dem Tierarzt eine Kotprobe zur Wurmkontrolle vorlegen, damit bei Wurmbefall umgehend die notwendigen Maßnahmen eingeleitet werden können. Je früher die Bekämpfung erfolgt, um so sicherer und nachhaltiger der Erfolg. Eine weitestgehende Wurmfreiheit dient nicht zuletzt auch Ihrer Sicherheit und der Ihrer Familie.

ERSTE HILFE

Ursache der meisten Unfälle mit Hunden ist eine schlechte Erziehung. Hat der Hund gelernt, mit und ohne Leine ordentlich an Ihrer Seite zu bleiben, dann wird das Unfallrisiko erheblich reduziert.

Sollten Sie dennoch bei Ihrem eigenen oder einem fremden Hund Erste Hilfe leisten müssen, ist es möglich, daß er aufgrund der Streßsituation und etwaiger erheblicher Schmerzen nach Ihnen schnappt, wenn Sie ihn bewegen oder transportieren müssen.

Versuchen Sie zu prüfen, ob die Atemwege nicht durch Erbrochenes, Blutgerinnsel, die Zunge oder Fremdkörper blockiert sind. Leinen Sie den Hund möglichst an, denn selbst schwerverletzte Hunde versuchen oft noch, von der Unfallstelle wegzulaufen. Heftige Blutungen aus Arterien sollten abgedrückt werden. Bei Blutun-

Wenn die Atmung ausgesetzt hat, wird die Lunge künstlich belüftet, indem man den Brustkorb rhythmisch zusammendrückt.

An der Innenseite des Oberschenkels kann man den Puls fühlen. Normal sind 70 bis 120 Schläge in der Minute.

gen aus der Vene genügt ein strammer Verband.

Der Transport wird am besten von zwei Personen mit einer Decke oder einer festen Unterlage durchgeführt, um eventuelle Wirbelschäden nicht zu verschlimmern. Ein schnellstmöglicher Transport zum Tierarzt ist auch dann angebracht, wenn äußere Verletzungen nicht erkennbar sind.

An der linken Seite des Brustkorbs kann man in der Höhe des Ellenbogengelenks den Herzschlag ertasten.

Im Wartezimmer bleibt der Hund an der Leine.

reit. Hygiene und hinreichende Sauberkeit sind immer noch die besten Helfer gegen die Parasiten, wobei sich die Bekämpfung der Parasiten nicht nur auf den Hund, sondern auch auf sein Umfeld (Liegeplatz, Pflegeutensilien) erstrecken muß!

MAGENDREHUNG

Zu den gefürchtetsten Vorkommnissen bei größeren Hunderassen gehört die Magendrehung, erkennbar an der plötzlichen starken Auftreibung des Leibes. Der Hund legt sich (zunehmende Kreislaufschwäche) und versucht vergeblich zu er-

Bei den Ektoparasiten, die sich im Fell des Hundes oder auf der Haut befinden, kommt es auf Ihre Beobachtungsgabe an: Häufiges Kratzen oder Lecken, manchmal verbunden mit leisem Fiepen, sollte Sie veranlassen, der Sache sofort auf den Grund zu gehen. Inspizieren Sie die Stelle genau. Ansonsten können Sie eventuell beim Bürsten feststellen, daß der Hund bei bestimmten Stellen mit einem Schmerzlaut reagiert oder besonders gegen die Bürste drückt, weil eine leicht entzündete Stelle juckt. Allen diesen Anzei-

chen sollten Sie aufmerksam nachgehen.

Da ist einmal der Hundefloh als Zwischenwirt für den Hundebandwurm. Hinzu kommen Läuse, Milben und Haarlinge, die unserem Hund, aber auch uns zu schaffen machen. Zecken können Entzündungen verursachen, wenn sie nicht vollständig mit Kopf entfernt werden. Sie werden mit einer Zeckenpinzette vorsichtig herausgedreht. Glücklicherweise verfügen heute die Tierärzte über schnell wirksame Arzneimittel, und gute Zoofachgeschäfte halten Präparate be-

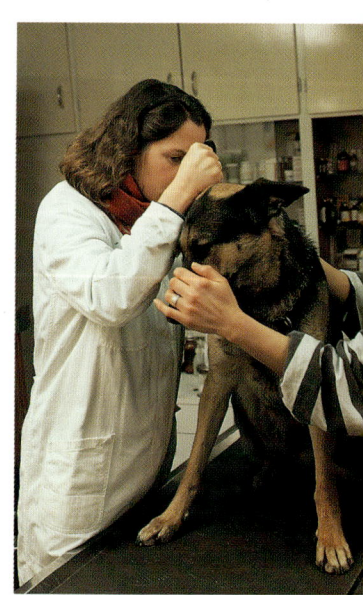

Beim Tierarzt

brechen. Beim geringsten Verdacht auf Magendrehung darf keinen Moment gezögert werden, denn nur bei einer sofortigen Operation hat der Hund eine Überlebenschance! Gefährdet sind vor allem Hunde mit erblich bedingtem schlaffem Bindegewebe.

TIP: Eine gewisse Vorbeugung besteht darin, den Hund nicht mit vollem Magen balgen und toben zu lassen und das Futter auf mehrere kleine Mahlzeiten zu verteilen.

KRANKHEITS-ANZEICHEN

Appetitlosigkeit, Antriebslosigkeit, leises Winseln können erste Anzeichen einer Erkrankung sein. Bleibt Ihr Hund apathisch auf seinem Platz liegen, riecht er unangenehm, besonders aus dem Fang, und erbricht er, dann ist ein baldiger Besuch beim Tierarzt notwendig, besonders dann, wenn der Hund eine erhöhte Körpertemperatur hat.

HÜFTGELENKS-DYSPLASIE

Bei Schäferhunden kann eine rassetypische Erkrankung auftreten, die im Anfangsstadium nur durch ei-

ne sachgerechte Röntgenaufnahme zu erkennen ist und oft einen schleichenden Verlauf nimmt: die Hüftgelenksdysplasie (HD, Fehlentwicklung von Hüftgelenkspfanne und Oberschenkelkopf).
Diese Erkrankung ist nicht zu heilen, aber durch eine hierauf abgestimmte Haltung des Hundes in ihrem Verlauf durchaus positiv zu beeinflussen.
Um hier Gewißheit zu erhalten, sollten Sie Ihren Junghund nach dem 12. Lebensmonat unbedingt röntgen lassen.
Falls eine solche Erkrankung des Hüftgelenks vorliegt, wird Ihnen der Tierarzt je nach Ausmaß die richtigen Verhaltensempfehlungen geben.

BEIM TIERARZT

Bereiten Sie Ihren Hund auf einen eventuellen Tierarztbesuch schon vor, bevor er ansteht. Üben Sie mit ihm, das Gebiß zu zeigen, den Fang zu öffnen, sich überall anfassen zu lassen. Kennt der Hund das von Anbeginn an, dann reduziert sich beim Arztbesuch der Streß für alle Beteiligten.

TIP: Viele der Tiere im Wartezimmer geraten bei der Annäherung eines Hundes in Panik. Deshalb achten Sie darauf, daß Ihr Hund angeleint an Ihrer Seite bleibt und halten Sie, auch wegen der Ansteckungsgefahr, möglichst Abstand zu allen anderen Tieren.

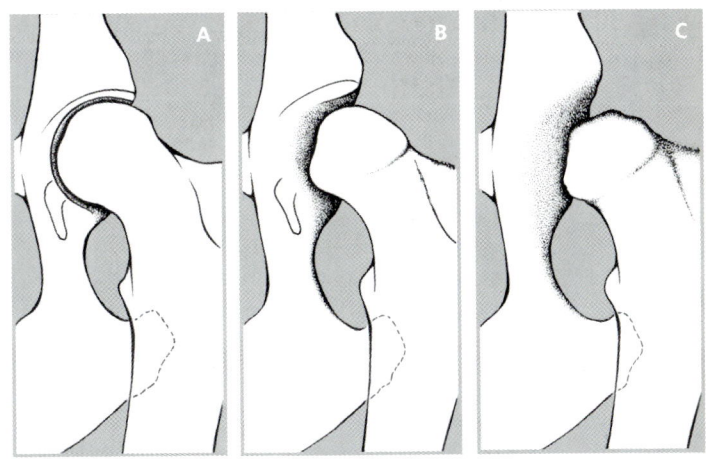

A normales Hüftgelenk, B mittlere und C schwere Hüftgelenksdysplasie

Das Interesse ist groß, aber die gute Erziehung wird auch hier nicht vergessen.

Die Grunderziehung

Unser Hund wird gut erzogen

Die Erziehung ist auf ein harmonisches Miteinander innerhalb der Familie ausgerichtet und ermöglicht dem Deutschen Schäferhund ein konfliktfreies Verhalten gegenüber der Umwelt.

Sozialverhalten wird spielerisch geübt.

Versagen seines Besitzers bei der Erziehung oft mit schmerzhaften Erfahrungen und Einschränkungen bis hin zu seelischer Isolation büßen.

TIP: Voraussetzung für jede Erziehung ist das Vertrauen des Hundes oder Welpen zum Menschen generell und zu seinem Leittier im besonderen. Nur wenn er den Sicherheit gebenden Menschen von Anfang an positiv erlebt, kann er das Maß an Selbstsicherheit gegenüber seiner Umwelt entwickeln, auf dem dann auch Wachsamkeit und ein kontrollierbares Verteidigungsverhalten aufbauen können. Gerade für einen so kraft- und temperamentvollen Hund wie den Schäferhund ist dies von großer Wichtigkeit.

Gemeinsames Spiel als ersehnte Belohnung nach den Übungen

Erziehung ist jedoch nicht mit Dressur zu verwechseln. Bei der Dressur wird vom Tier eine Zurschaustellung einer vom Menschen vorgegebenen Verhaltensweise erwartet, um Effekt zu erzielen. Die Erziehung hingegen dient der artgerechten Einordnung des Hundes in die menschliche Gesellschaft, und zwar primär zu seinem eigenen Wohlbefinden. Der unerzogene Hund muß das

Er hat Spaß am Apportieren.

Bei einer guten Erziehung werden sein vorhandenes Rudelverhalten und das daraus resultierende Sozialverhalten gefördert.

GRUNDERZIEHUNG

Mit der Aufnahme des Welpen beginnt auch sofort seine Erziehung. Und sie beginnt im Kopf des Hundeführers. Sie sind von jetzt ab sein Leittier. An Ihnen und Ihren lobenden oder tadelnden Reaktionen orientiert sich Ihr Hund. Als Rudeltier erwartet er von Ihnen Sicherheit, Überlegenheit und Autorität. Er wird seinen Platz in der Hierarchie seines neuen Rudels suchen und erwarten, daß er ihm in

Der Hund sitzt korrekt an der linken Seite.

einer verständlichen Weise zugewiesen wird.

Das verlangt von Ihnen das notwendige Wissen über die natürlichen hundlichen Verhaltensweisen, Geduld, Konsequenz – und echte Überlegenheit. Sie werden feststellen, daß Ihr Hund Schwachstellen in Ihrer Souveränität sofort bemerkt – und ausnutzt. Von seinem Standpunkt aus ist das logisch: nur der Stärkste, Klügste und in jeder Hinsicht Beste gehört an die Spitze des Rudels; und daß er dorthin gehört, muß er in jeder Situation unter Beweis stellen.

Deshalb ist es wichtig, genau zu wissen, was man

TIP: Wichtig ist, die ganze Familie in das Erziehungsprogramm einzubeziehen. Legen Sie grundsätzlich und für alle verbindlich fest, was dem Hund – nicht nur in den ersten Monaten seines Lebens, sondern grundsätzlich – erlaubt ist und was nicht. An diese Gebote und Verbote müssen sich alle Familienmitglieder unbedingt halten, denn jede Inkonsequenz würde den Hund verunsichern und zu einem Taktiker machen, der dem einen gehorcht und dem anderen auf der Nase herumtanzt.

will und in keiner Lage die Selbstbeherrschung zu verlieren. Zorn ist etwas, das kein Hund begreift. Wiederholen Sie Anweisungen oder Verbote ruhig, aber bestimmt, wenn der Hund nicht gleich reagiert oder etwas falsch macht. Durchaus nicht jeder Fehler Ihres Hundes ist bewußter Ungehorsam oder Austesten Ihrer Führungsqualitäten.

STUBENREINHEIT

Der Hund wird zuerst nicht begreifen, warum er auf einer Rasenfläche seine Geschäftchen verrichten darf, aber nicht auf dem ebenso weichen und aufsaugenden Teppich. Zeigen Sie ihm mit einem energischen „Pfui!", daß der Teppich dafür nicht in Frage kommt, wenn Sie ihn auf frischer Tat erwischen, und bringen Sie ihn sofort nach draußen. Setzen Sie den Kleinen an einen geeigneten Sand- oder Grasplatz und loben Sie ihn überschwenglich, sobald er sich dort löst.

Es kann sein, daß er vor Schreck über Ihre Reaktion nun zunächst alles zurückhält; dann hilft nur Geduld, denn er soll ja begreifen, daß das Lösen nur im Wohnbereich bestraft, draußen aber gelobt wird.

In den ersten Wochen sollten Sie Ihren Welpen tags-

„Platz" wird aus der Sitzposition heraus geübt.

UMWELTTRAINING

Von Anfang an sollten Sie Ihren Hund Schritt für Schritt an unsere Umwelt gewöhnen. Das ist die beste Gewähr für ein späteres selbstsicheres und kontrollierbares Verhalten Ihres Schäferhundes. Straßenverkehr, Jogger, Bahnhöfe, Baustellen, Restaurants, belebte Fußgängerzonen, Kaufhäuser, öffentliche Verkehrsmittel, andere Hunde – das alles sind Situationen, an die Sie den Welpen behutsam – und stets angeleint – heranführen müssen.

Belohnen Sie jede Überwindung von Unsicherheit oder

über alle zwei Stunden, morgens als erstes und abends als letztes, zum Lösen ins Freie bringen. Doch das allein genügt nicht, solange sich der Kleine nicht an diesen Rhythmus gewöhnt hat. Behalten Sie ihn in dieser

TIP: Nachts sollten Sie die Mühe nicht scheuen, anfangs alle drei bis vier Stunden mit ihm nach draußen zu gehen. Diese Intervalle werden sich jedoch bald verlängern, denn der Welpe und seine Fähigkeit, länger „durchzuhalten", wachsen schnell.

Zeit deshalb möglichst ständig im Auge.

Jeweils nach dem Fressen, nach dem Aufwachen, nach dem Spielen, nach Aufregungen ist die Wahrscheinlichkeit am größten, daß er unruhig umherschnüffelt, im Kreis herumzulaufen beginnt und damit signalisiert, daß er ein geeignetes Plätzchen zum Lösen sucht. Dann müssen Sie schneller sein als er und ihn sofort hinausbringen.

Wenn Sie dann noch die Fütterungs- und Ausgangszeiten pünktlich einhalten, ist Ihr Welpe bestimmt rasch stubenrein.

„Bleib" ist im Alltag in vielen Situationen nützlich.

Ängstlichkeit mit viel Lob. Solche Ausflüge stärken das Vertrauensverhältnis und Zusammengehörigkeitsgefühl zwischen Ihnen und Ihrem Vierbeiner ungemein.

HUNDEKONTAKTE

Auch das soziale Verhalten gegenüber anderen Hunden gehört dazu. Damit der junge Hund seine ererbten Verhaltensweisen erproben, aussteuern und festigen kann, ist die Begegnung mit Artgenossen wichtig, deren Verhalten Ihnen als normal bekannt ist.
Durch Laufen, Toben und kleine Kampfspiele trainiert der Hund die „Umgangsformen", die er sein Leben lang für den friedlichen Umgang mit seinesgleichen braucht. Er muß allerdings

lernen, daß er sich erst auf entsprechende „Freigabe" von Ihnen in ein Spielchen stürzen darf.

HERKOMMEN

Der Welpe hat einen natürlichen Folgetrieb gegenüber seinem Leittier. Deshalb können Sie ihn leicht an das Hörzeichen „Komm" gewöhnen, indem Sie ihn rufen und gleichzeitig von

TIP: Haschen Sie ihn nicht! Das wird er als amüsantes Jagdspiel mißverstehen. Sollte er Ihrem Rufen einmal nicht folgen, so bewegen Sie sich von ihm weg – er wird Ihnen unweigerlich nachsetzen, denn er will ja den Anschluß nicht verlieren.

Gehen bei Fuß, zuerst an der Leine

ihm fortgehen. Loben Sie ihn ausgiebig, wenn er zu Ihnen gekommen ist, so wird er schon bald verstanden haben, was von ihm verlangt wird.

ERSTES LEINEN-GEHEN

Der Folgetrieb macht es Ihnen anfangs leicht, Ihren neuen Freund stets in unmittelbarer Nähe zu halten. Aber er muß von klein auf daran gewöhnt werden, nicht nur ein Halsband – zunächst aus weichem Leder –, sondern auch eine Führleine zu akzeptieren. Sie ist der Nerv zwischen Ihnen und Ihrem Hund. Anfangs wird ein Welpe dies als lästige Einschrän-

„Für heute hab' ich genug gelernt!"

kung seiner Bewegungsfreiheit betrachten und sich dagegen wehren. Lassen Sie in keinem Fall ein Kräftemessen im Seilziehen daraus werden. Geben Sie aber auch nicht nach. Reden Sie ihm mit ruhiger Stimme zu, hocken Sie sich nieder, um ihn zu sich zu locken (ein Leckerchen hilft hier zusätzlich) und zeigen Sie ihm, daß der ihn bedrängende Zug der Leine sofort aufhört, wenn er in Ihrer unmittelbaren Nähe bleibt. Versuchen Sie diese positive Spannung aufrecht zu erhalten, indem Sie im Weitergehen ermutigend auf ihn einreden und immer wieder mit einem „Komm" locken, sobald er Ausbruchsversuche macht.

Überfordern Sie Ihren Welpen jedoch nicht. Seine Konzentrationsfähigkeit ist noch gering, und es ist besser, ihn für kurze Zeit korrekt neben sich zu führen und dann die Aufgabe zu beenden, als endlos zu üben und dadurch den Hund und sich selbst zu ermüden.

SITZ

Auch der achtwöchige Welpe kann schon zwanglos das Sitzen lernen. Rufen Sie ihn zu sich, halten Sie ihm ein Leckerchen ca. 15 cm hoch über die Nase und führen Sie es mit dem Hörzeichen „Sitz" so über seinen Kopf, daß er sich automatisch setzt. Dann reichen Sie ihm das Häppchen auf offener Hand unterhalb der Schnauze, denn damit hindern Sie ihn, dem Leckerbissen entgegenzuspringen. Es wird nicht lange dauern, dann hat Ihr Schützling Hörzeichen und Ausführung miteinander verknüpft, und Sie können dazu übergehen, das Ganze an der Leine zu üben. Halten Sie den Hund an Ihrer linken Seite, gehen Sie einige Schritte und geben Sie das Hörzeichen „Sitz!". Machen Sie noch ein, zwei Schritte, um ihm zu ermöglichen, das Kommando zu verarbeiten. Wenn Sie gut vorgeübt haben, wird die Sache gelingen.

Sonst können Sie als Hilfe mit der Linken etwas Druck auf seine Kruppe ausüben, während die Rechte seinen Kopf mit Hilfe der Leine hochhält. Wiederholen Sie dabei deutlich das Hörzeichen „Sitz". Und vergessen Sie das anschließende Loben nicht!

Voraussetzung für jede Übung ist seine Aufmerksamkeit.

PLATZ

Lassen Sie den Hund sitzen und führen Sie ein Leckerchen am Boden von seiner Nase aus weg, so daß er es nur erreichen kann, wenn er sich lang hinlegt. Die leicht auf die Kruppe gelegte Hand verhindert, daß er aufsteht. Die Belohnung bekommt er erst, wenn er korrekt liegt. Je jünger der Hund ist, um so mehr Geduld brauchen Sie.
Wenn er Hörzeichen und Ausführung verknüpft hat, können Sie das Ganze an der Leine üben. Lobendes Streicheln ersetzt dann das Leckerchen, wenn es gelungen ist, ansonsten hilft die Linke durch leichten Druck korrigierend nach. Kämpfen Sie nicht mit einem widerstrebenden Hund. Wahrscheinlich hat er die Übung noch nicht richtig begriffen. Wenn Sie ihn durch Ermunterung und Lob zu motivieren verstehen und durch die stets nötige Konsequenz „auf Kurs halten", wird ihm die Aufgabe Spaß machen.

ALLEINBLEIBEN

Allein zu bleiben muß Ihr Hund unbedingt lernen, wenn nicht jede Abwesenheit seiner Bezugsperson(en) zum Streß werden soll. Üben Sie es anfangs minutenweise, damit der Welpe oder der noch unsichere Neuling die Erfahrung macht, daß Sie mit Sicherheit stets wiederkommen, und dehnen Sie die Zeit Ihrer Abwesenheit immer länger aus.

TIP: Ein Kauknochen kann dem Hund über die anfängliche Einsamkeit hinweghelfen.

BLEIB

Sehr nützlich ist es in vielen Situationen des Alltags, wenn unser Hund gelernt hat, sitzend oder liegend an einem bestimmten Platz auf uns zu warten. Geben Sie ihm die Anweisung „Sitz" oder „Platz", und entfernen Sie sich langsam rückwärts gehend ein paar Schritte, indem Sie deutlich und gedehnt das Hörzeichen „Bleib" geben. Ein mit flacher Hand gegen den Hund ausgestreckter Arm unterstützt dies. Beim geringsten Versuch aufzustehen, reagieren Sie sofort mit den Worten „Nein! - Bleib!" Kommt er Ihnen dennoch nach, so bringen Sie ihn zu derselben Stelle zurück, die er verlassen hat, und wiederholen das Ganze.
Für den Anfang genügen einige wenige Schritte. Es kommt zunächst darauf an, daß der Hund das Prinzip begreift. Halten Sie ständigen Blickkontakt mit ihm, und wenn er brav sitzengeblieben ist, kehren Sie mit

Spielerischer Kontakt zu Kindern ist wichtig.

ruhigen Schritten zu ihm zurück und loben ihn ausgiebig. Allmählich können Sie dann die Entfernung steigern, ja auch aus seiner Sichtweite gehen und mit dem Zurückkommen immer länger warten.
Es empfiehlt sich, diese Übung langsam aufzubauen und anfangs an einem ruhigen Ort durchzuführen, bis Ihr Hund einige Sicherheit und die erforderliche Reife erlangt hat.

LEINENFÜHRIGKEIT

Inzwischen wird Ihr Hund sich an die Leine gewöhnt haben, zumal alle beschriebenen Übungen auch angeleint geübt werden. Ist er aus dem Welpenalter heraus, sollten das Lederhalsbändchen und die leichte Führleine durch eine entsprechend robustere Ausrüstung ersetzt werden.
Im Alter ab etwa sechs Monaten ist es an der Zeit, ihn mit der korrekten Leinenführigkeit vertraut zu machen. Versucht er seitlich auszubrechen, bleibt er zurück oder zieht er voran, so korrigieren Sie ihn mit einem energischen Leinenruck und dem deutlichen Hörzeichen „Fuß!". Leine lockern, sobald er sich wieder korrekt neben Ihnen hält - und loben.
Bedenken Sie dabei, daß ein

Im Spiel werden die richtigen Umgangsformen gelernt.

Bei gut sozialisierten Hunden problemlos!

Ruck an der Leine zur rechten Zeit dem Hund begreiflicher ist und ihm weniger Streß bereitet als eine permanent straffe Leine, die ihm die Luft abdrückt und durch die er das richtige Beifußgehen niemals lernt. Sie können seine Bereitschaft, sich wie gewünscht eng an Ihrer Seite zu halten, fördern, indem Sie an Ihr Bein klopfen, ihn locken und mit ihm sprechen.

TIP: Für jeden quirligen Junghund ist diese Übung eine anspruchsvolle Konzentrationsangelegenheit, deshalb sollten Sie am Anfang immer nur kurze Zeit üben.

BEI FUSS GEHEN

Erst wenn Ihr Hund zuverlässig leinenführig ist, sollten Sie die Freifolge, das Beifußgehen ohne Leine, üben. Lassen Sie im Gehen die Führleine aus der Hand gleiten und geben Sie das Hörzeichen „Fuß!", damit der Hund lernt, daß das Lösen von der Leine nicht automatisch bedeutet, weglaufen zu dürfen. Sobald Ihr Hund Miene macht, sich von Ihnen zu entfernen oder zurückzubleiben, fassen Sie sofort die schleifende Leine und korrigieren ihn unter Wiederholung des Hörzeichens.
Diese Vorstufe muß sicher beherrscht werden, bevor Sie dazu übergehen können, Ihren Hund abzuleinen. Klinken Sie die Leine beim Gehen mit dem Hörzeichen „Fuß!" aus, und „fesseln" Sie Ihren Hund mit gutem Zureden und Lob an Ihre Seite. Entwischt er Ihnen, dann rufen Sie ihn zu sich und üben zunächst wieder mit der Leine, bevor Sie einen erneuten Freifolge-Versuch starten.

TIP: Beginnen Sie eine neue Übung erst dann, wenn die vorangegangene richtig sitzt. Wenn Sie merken, daß Ihr Hund überfordert ist, schrauben Sie Ihre Ansprüche zurück. Beenden Sie jede Übungseinheit mit einer erfolgreich absolvierten Aufgabe. Schließen Sie ein Spiel an, bei dem sich alle Anspannung und Konzentration in Behagen und Spaß auflöst. Warten Sie nicht damit, bis Ihr Hund schon ermüdet ist oder die Lust verloren hat.

HUNDE-BEGEGNUNGEN

Das enge Zusammenleben in unserer Zeit und der immer begrenztere Freiraum machen das Einhalten gewisser Spielregeln für Hundehalter unumgänglich. Letztendlich fördern Sie damit auch die Toleranz, die Ihnen entgegengebracht wird.
Begegnungen mit fremden oder nicht einschätzbaren Hunden gehören dazu. Ihr Hund sollte lernen, nicht ohne Ihre Erlaubnis auf jeden fremden Hund zuzulaufen. Dadurch vermeiden Sie unliebsame Konfrontationen mit aggressiven

So reist der Hund sicher und bequem.

NICHT HOCHSPRINGEN

Zu einem umweltgerechten Verhalten Ihres Hundes gehört auch, daß er das Anspringen unterläßt. Unterbinden Sie jeden Versuch dazu mit dem Verweis „Pfui! Aus!" oder „Laß das!" und wenden Sie sich ab und „belohnen" Sie das Hochspringen niemals mit Streicheln oder guten Worten. Dies ist unbedingt notwendig und angebracht, wenn der Hund fremde Personen anspringt. Hilft dies noch nicht, müssen Sie notfalls rigoros werden: im Moment des Anspringens winkeln Sie das Knie an und lassen den Hund daran abprallen.

Bei längeren Fahrten Pausen einlegen!

Artgenossen und verhindern gleichzeitig, daß Ihr Hund – was oft geschieht – unter Umständen in den Straßenverkehr hineinläuft. Sorgen Sie dafür, daß er Ihnen in solchen Situationen zuverlässig gehorcht und rufen Sie ihn bei Fuß, wenn sich andere Hunde mit ihrer Begleitperson nähern. Man kann sich dann immer noch abstimmen, ob die Hunde sich kennenlernen sollen.

AUTOFAHREN

An das Mitfahren im Auto gewöhnt man am besten schon den Welpen (und zwar nüchtern, damit er sich nicht übergeben kann, denn ein solches Ersterlebnis prägt). Viele Hunde fahren gern im Auto mit, manche werden im Auto hektisch oder ängstlich. Hier wird vom Hundehalter viel Einfühlungsvermögen verlangt.

Von besonderer Wichtigkeit ist, daß Sie Ihren Hund im Auto so unterbringen und sichern, daß weder er noch die Insassen gefährdet werden. Geeignete Hilfsmittel dafür (Netze, Trenngitter, Sicherheitsgurte und so weiter) bietet der Fachhandel an.

Prima, er folgt!

Viele Schäferhunde lieben es: Baden im Meer und Toben am Strand.

Aktiv mit dem Hund

Auslauf und Beschäftigung

Der Schäferhund ist ein körperlich und geistig beweglicher und einsatzfreudiger Begleiter, der mit seinem Menschen durch dick und dünn geht. Bewegung und Beschäftigung halten ihn nicht nur körperlich, sondern auch geistig fit und jung.

Körper und Intelligenz wollen ausgelastet sein und sinnvoll beschäftigt werden. Der tägliche Auslauf von ein bis zwei Stunden darf, auch beim erwachsenen Hund, nicht nur ein Laufenlassen sein. Fordern Sie seine Spielfreude heraus, indem Sie ihm einen kleinen Ball zum Zurückbringen schleudern! Verstecken Sie persönliche Gegenstände und lassen Sie sie ihn suchen - er wird mit Begeisterung mittun. Verstecken Sie sich und lassen Sie ihn suchen.

Arbeiten Sie - maßvoll, konsequent und ermutigend - an den Übungen der Grunderziehung.

Das Winterfell schützt vor Schnee und Kälte.

Im Sommer bietet der Bach eine herrliche Abkühlung.

BEUTESPIELE

Besonders lehrreich und beliebt sind Rauf- und Beutespiele. Der Hund lernt seine Kräfte gezielt einzusetzen. Ein Jutesack etwa – alles, woran er sich festbeißen und zerren kann – eignet sich. Setzen Sie Ihre Kräfte maßvoll ein, lassen Sie den Hund zwar kämpfen, aber zum Schluß gewinnen. Bis zum Zahnwechsel (etwa im vierten oder fünften Monat) müssen Sie bei solchen Spielen viel Vorsicht walten lassen.

Der Phantasie sind keine Grenzen gesetzt. Laute, derbe Spiele im Freien und Geschicklichkeitsspiele auf kleinem Raum, bei denen es ganz auf „Mitdenken" und Aufmerksamkeit ankommt, können sich dabei abwechseln.
Sie werden sehen, daß Ihr Hund an Kraft, Lebensfreude, Gewandtheit und Anhänglichkeit gewinnt. Und bei einer solchen Auslastung ist es dann für ihn kein Problem mehr, sich auch mal allein zu beschäftigen.

JOGGEN

In sportliche Aktivitäten können Sie Ihren Schäferhund in vielen Fällen einbeziehen. Beim Jogging etwa durch Parks oder Waldgegenden kann der Schäferhund nicht nur ein begeisterter Mitsportler, sondern auch ein willkommener Schutz sein – wenn er gut erzogen ist (sprich: zuverlässig bei Fuß läuft und nicht jeder Hasenspur oder jedem anderen Hund hinterhersetzt).
Diese Sportart bietet dem

Hund zwar Auslauf und gesunde Bewegung, ersetzt aber eine geistige Beschäftigung und das Spielen nicht.

LAUFEN AM RAD

Dies gilt gleichermaßen für das Mitlaufen am Fahrrad. Auch hier müssen Sie auf die altersbedingte Belastbarkeit des Hundes Rücksicht nehmen. Ein noch nicht voll entwickelter Hund gehört nicht ans Rad. Eine vorherige Abstimmung mit dem Tierarzt ist daher sehr zu empfehlen. Bei großer Hitze und in praller Sonne ist dies nicht die richtige Sportart.

SCHWIMMEN

Beinahe alle Hunde können von Natur aus schwimmen.

TIP: Am Rad wird der Hund aus Sicherheitsgründen an der verkehrsabgewandten rechten Seite geführt. Die Führleine muß locker durchhängen, damit haben Sie den Hund unter Kontrolle und können außerdem das Tempo so wählen, daß sich Ihr Hund im ruhigen Trab bewegt. Lassen Sie sich keinesfalls von ihm ziehen!

Nur sind nicht alle Hunde gleichermaßen wasserbegeistert.
Die einen stürzen sich, wenn man nicht aufpaßt, in jedes Wasserloch und nutzen jede Gelegenheit zum Schwimmen. Andere Hunde umrunden alle Wasserstellen im großen Bogen, und manche geraten in Unruhe,

wenn ihnen das Wasser bis zum Bauch reicht.
Gehört Ihr Hund zur ersten Gruppe, sollten Sie darauf achten, daß er nur in Gewässer von vertretbarer Wasserqualität geht, sonst können Hautausschläge oder Darmerkrankungen die Folge sein.
Die wasserscheuen Vertreter sollten auf keinen Fall mit Gewalt ins kühle Naß befördert werden, denn damit würde sich die Abneigung gegen das Wasser noch verstärken und unter Umständen das Vertrauen zum Hundeführer leiden. Versuchen Sie es lieber mit Geduld, Zureden oder indem Sie selbst mit gutem Bei-

Spiel, Spaß und viel Auslauf verschaffen dem Deutschen Schäferhund gesunde Bewegung.

Pferd und Hund können ein gutes Gespann sein.

spiel vorangehen und den Hund vom Wasser aus zu sich locken.
Wenn auch das nicht hilft, sollten Sie sich damit abfinden, daß Ihr Hund keine Wasserratte ist.

TIP: Auch in der kühleren Jahreszeit schadet ein Bad in sauberen Teichen oder Bächen nicht. Wichtig ist nur, daß der Schäferhund danach in Bewegung bleiben kann, bis er wieder trocken geworden ist. So werden Erkältungen von vornherein vermieden.

AM PFERD

Auf Pferde wirken Hunde im allgemeinen beruhigend. Geben Sie beiden ausreichend Gelegenheit, sich kennenzulernen und miteinander vertraut zu machen.
Soll der Hund am Pferd bei Fuß laufen, wird er rechts geführt.
Ihr Hund sollte Ihnen zuverlässig gehorchen, da Ihre Einwirkungsmöglichkeiten vom Pferd herab verhältnismäßig gering sind und sich meist auf Hörzeichen beschränken.

IST MEIN HUND FIT FÜR DEN SPORT?

Alter
Bis zu einem Alter von 9 Monaten sollte der Schäferhund noch keinen Belastungen ausgesetzt werden, also kein Springen oder Laufen an Fahrrad oder Pferd, kein Treppensteigen. Körperliche Betätigung erfolgt nur in spielerischer Form.

Gewicht
Bei Übergewicht sollte sich die Belastung allmählich steigern bei gleichzeitigem maßvollem Abspecken. Nur Sportarten wählen, die keine Langzeitbelastung für das Herz sind, den Tierarzt befragen und die Reaktionen des Hundes beobachten (Herztätigkeit, Atmung).

Wetter
Bei Hitze oder praller Sonne sollte man mit dem Hund nicht joggen und ihn nicht am Fahrrad oder Pferd laufen lassen; es droht Hitzschlag. Bei Minusgraden bitte nicht schwimmen lassen (Rheuma!). Bei nassem und kaltem Wetter keine Übungen, die langes Abliegen erfordern!

Allgemein
Mit untrainierten Hunden langsam anfangen und die Belastung allmählich steigern; dabei Herztätigkeit und Atmung des Hundes beobachten.

Das Laufen am Rad wird schrittweise trainiert.

Breitensport (auch Turnier-hundsport genannt) und Agility; bei beiden Sportarten kommt es auf Konditi-on, Geschicklichkeit und Koordination zwischen Mensch und Hund an. Auf regionalen und überre-gionalen Turnieren kann man sich dann mit anderen messen.
Beide Sportarten kann man am besten im Verein aus-probieren, lernen und trai-nieren. Diese Beschäftigung

In Begleitung ist Joggen am schönsten.

HUNDESPORT

Sich mit einem Schäferhund an hundesportlichen Aktivi-täten zu beteiligen, ist auf jeden Fall eine wertvolle Be-reicherung. Welche Sportart dabei für Sie und Ihren Hund in Frage kommt, hängt von den jeweiligen Fähigkeiten und Interessens-schwerpunkten ab.

BREITENSPORT, AGILITY

Wollen Sie mit Ihrem Hund als Duo Hindernisse neh-men, empfehlen sich der

Agility-Übung: „Steh" auf dem Tisch

hunde, den Deutschen Verband der Gebrauchshundesportvereine (DVG) oder an eine Unterabteilung von Rasse- oder Hundesportvereinen in Ihrer Nähe. Die Anschriften finden Sie im Anhang des Buches auf Seite 60.

ERZIEHUNG IM SPIEL

Von Sinn und Notwendigkeit des Spielens mit dem Hund war schon an verschiedenen Stellen die Rede. Hier will ich auf einen besonderen Aspekt eingehen.

Die Spielphase im Wildhunde- oder Wolfsrudel beschränkt sich auf die Wel-

macht in der Gruppe am meisten Spaß, und in den Vereinen sind die erforderlichen Hindernisse vorhanden.

SCHUTZDIENST

Der Deutsche Schäferhund hat gewöhnlich einen ausgeprägten Schutztrieb und eignet sich deshalb auch gut für eine Schutzdienstausbildung. Eine sachgemäße Schutzdienstarbeit baut das Selbstbewußtsein des Schäferhundes sinnvoll auf und kanalisiert natürliche Aggressionen. In einem gut geführten Verein wird man Sie entsprechend beraten.

TIPS FÜR DEN SPORT

Für alle hundesportlichen Aktivitäten gilt jedoch: die Freude an der Bewegung, den wachsenden Fähigkeiten und dem zunehmenden Miteinander soll obenan stehen; überzogene Ansprüche und falsch verstandener Ehrgeiz dienen weder der Sache selbst, noch fördern sie das Verhältnis zwischen Hundeführer und Hund. Haben Sie Interesse an hundesportlicher Betätigung, dann wenden Sie sich am besten an den Verband für das Deutsche Hundewesen (VDH), an einen der Rassezuchtvereine für Schäfer-

Der Slalomlauf fördert die Beweglichkeit.

pen- und Junghundzeit und
dient der körperlichen Kräftigung wie der sozialen Orientierung gleichermaßen.
Zwischen erwachsenen Tieren wäre das Spielen unnötiger Verbrauch von Kräften,
die für das Überleben dringend gebraucht werden
(Paarungsrangeleien und
Rangauseinandersetzungen
dürften kaum als Spiel angesehen werden).

Hieraus sollten wir unsere
Rückschlüsse auf den domestizierten Hund ziehen:
Das Spielen mit ihm sollte
immer einen erzieherischen
Hintergrund haben, nämlich die Klarstellung und
permanente Behauptung Ihrer Rangstellung in der
hierarchischen Ordnung.
Der Hund darf Spielvorschläge machen, aber wann,
wo und wie gespielt wird,
bestimmt der Mensch als
sozial höher eingeordnetes
Rudelmitglied und niemals
der Hund.

Achten Sie beim spielerischen Kräftemessen unbedingt darauf, daß der Hund
Familienmitgliedern oder
dem Hundeführer gegenüber nie als Sieger dominieren kann (dies gilt nicht für
Beutespiele, bei denen der
Hund der Gewinner sein
sollte, um seine Selbstsicherheit zu festigen).
Gerade bei größeren Hunden wie dem Schäferhund
kann ein solches Domi-

Der Stofftunnel im Agility-Parcours

nanzerlebnis ernste Folgen
haben. Bleiben Sie also auch
beim Spielen mit Ihrem
Hund immer der Überlegene und achten Sie darauf,
daß er Ihre körperlichen
Grenzen nie austesten und
überschreiten kann, denn
dann haben Sie als Ranghöherer in jedem Fall verspielt.
Beim erwachsenen Hund
sollte das Spiel durch seine
spielerische Beschäftigung
und Ertüchtigung ersetzt
werden. Sie werden bald
merken, daß eine solche
Schwerpunktverlagerung
dem Hund, aber auch Ihnen viel Freude bereiten
kann, ohne daß damit die
soziale Rangordnung ins
Wanken gerät. Seien Sie
Freund und Partner Ihres
Hundes, aber niemals verspielter Kumpel.

AUSBILDUNGS-MÖGLICHKEITEN

Gerade der vielseitige Deutsche Schäferhund eignet
sich für verschiedene
Ausbildungen. Sicher ist
auch seine Beliebtheit und
große Verbreitung mit darauf zurückzuführen.
Das Spektrum reicht von
Polizeihunden über Rettungshunde, die zum Beispiel bei der Flächen- oder
Trümmersuche eingesetzt
werden können. Bekannt
sind natürlich auch die Blindenhunde sowie Spürhun-

TIP: Wer sich für eine
solche Ausbildung interessiert, wendet sich am besten
an die entsprechenden Vereine.

de, die auf das Auffinden bestimmter Substanzen, z.B. Rauschgift oder Schimmelpilze, trainiert werden.

URLAUBSZEIT

Auch für die schönste Zeit des Jahres, die Urlaubszeit, sollten Sie sich früh genug Gedanken darüber machen, wie die Ferien für Ihren Schäferhund aussehen sollen. Soll er mitgenommen oder anderweitig untergebracht werden?
Viele Hundebesitzer freuen

Als Rauschgiftspürhund beim Zoll

Ein aufmerksamer Helfer

sich gerade auf den Urlaub als die Zeit des Jahres, die sie rund um die Uhr mit ihrem Hund teilen können. Oft decken sich die Vorlieben von Mensch und Hund. An einem Wanderurlaub in den Bergen oder einem Badeaufenthalt an der See hat der Schäferhund sicherlich genauso viel Freude wie „seine" Menschen.
Aus vielen Reiseprospekten und Unterkunftsverzeichnissen ist bereits ersichtlich, ob ein Hund als Gast willkommen ist oder nicht. Mit Mehrkosten für die Endreinigung ist zu rechnen. Wenn Sie Mitglied im Hundesportverein sind, erhalten Sie oft auch eine Fachzeitschrift. Darin sind oft Ferienangebote für Urlauber mit Hunden zu finden.

möglichst einen Besuch beim Tierarzt vereinbaren, der dann die eventuell noch notwendigen Impfungen vornehmen kann. Er wird Ihnen auch Informationen über etwaige Vorsichtsmaßnahmen für die Gesunderhaltung Ihres Hundes am Urlaubsort und, wenn nötig, vorsorglich das eine oder andere Medikament mitgeben oder empfehlen können. Denn in südlichen Ländern können andere Infektionen und Parasiten als bei uns auftreten.

Rettungshund bei der Trümmersuche

Für die Mitnahme zu Fernzielen im Flugzeug ist ein Hund von der Größe des Schäferhundes sicherlich wenig geeignet. Außerdem muß mit strengen Einreisebestimmungen für Hunde gerechnet werden; unter Umständen müssen Sie umfangreiche und frühzeitige Impfungen und Quarantäne-Vorschriften beachten. Für längere Fahrten mit der Bahn ist bei der Platzkartenbestellung die sichere Unterbringung für den Hund mit zu beachten und anzusprechen.

VORHER ZUM TIERARZT

Sobald der Reisetermin und vor allem der Urlaubsort feststehen, sollten Sie bald-

Blindenhund - eine verantwortungsvolle Aufgabe

URLAUB MIT DEM AUTO

Fahren Sie mit dem eigenen Pkw, so planen Sie beim Packen und Beladen die ausreichende und sichere Unterbringung Ihres Hundes im Auto mit ein. Weder dürfen die Gepäckstücke im Gefahrenfall den Hund verletzen, noch darf der Hund bei einer Notbremsung die Mitfahrer schädigen.

Wenn Ihr Hund beim Autofahren zur Übelkeit neigt, kann ein vom Tierarzt verordnetes Medikament Abhilfe schaffen. Auch häufig eingelegte Pausen dienen zum Abbau des Reisestresses.

UNTERBRINGUNG IM URLAUB

Müssen Sie Ihren Hund im Urlaub zu Hause lassen, dann sollten Sie sich früh-

Eine wohlverdiente Rast auf der Wanderung

Urlaub am Meer

zeitig um eine liebevolle Unterbringung bemühen. Je eher Sie das tun, um so größer sind die Chancen, eine wirklich gute Unterbringung zu finden. Vor allem haben Sie dann die Gelegenheit, die Pflegestelle vor Ihrem Urlaub mit dem Hund einige Male zu besuchen, um ihn an die anderen Personen und die Umgebung zu gewöhnen. Dadurch wird dem Hund die Trennung von Ihnen für die Zeit des Urlaubs leichter. Wenn Sie ihm dann auch noch für die Zeit Ihrer Abwesenheit seine gewohnte Liegedecke mitgeben, wird er die Trennungstage besser überwinden.

Geeignete Hundepensionen oder private Pflegestellen werden durch die Presse bekanntgemacht oder durch Tierschutz- und Hundesportvereine vermittelt.

Auch einen Winterurlaub genießt der Schäferhund.

LITERATUR

Baumann, Doris: Der junge Hund. Ulmer 1996.

Beck, Peter: Das Beste für meinen Hund. Franckh-Kosmos 1995.

Becvar, Wolfgang: Naturheilkunde für Hunde. Franckh-Kosmos 1994.

Birr, Uschi: Erfolgreiche Hundeerziehung. Falken 1995.

Brehm, Helga: Gesunde Ernährung für Hunde. Franckh-Kosmos 1993.

Brehm, Helga: Hundekrankheiten. Franckh-Kosmos 1995.

Brehm, Helga: Unser Hund ist krank. Franckh-Kosmos 1991.

Coren, Stanley: Die Intelligenz der Hunde. Rowohlt 1995.

Feddersen-Petersen, Dorit: Hundepsychologie. Franckh-Kosmos 1987.

Fogle, Bruce: Die BLV-Enzyklopädie der Hunde. BLV 1996.

Förster, Dagmar: Mein Hund wird älter. Naturbuch 1996.

Jones, Renate: Welpenschule leichtgemacht. Franckh-Kosmos 1997.

Kejcz, Yvonne: So sag ich's meinem Hund. Franckh-Kosmos 1992.

Kejcz, Yvonne: Unser Hund wird alt. Franckh-Kosmos 1994.

Klever, Ulrich: Knaurs großes Hundebuch. Droemer Knaur 1996.

Krämer, Eva-Maria und **Marie-Luise Winnig:** Deutscher Schäferhund. Franckh-Kosmos 1993.

Krämer, Eva-Maria: Das Kosmos-Hundebuch. Franckh-Kosmos 1995.

Krämer, Eva-Maria: Der Kosmos-Hundeführer. Franckh-Kosmos 1995.

Lorenz, Konrad: So kam der Mensch auf den Hund. dtv 1958.

Mondadori, Arnoldo: Hunderassen. Naturbuch 1995.

Rakow, Barbara: Der homöopathische Hundedoktor. Franckh-Kosmos 1993.

Ross, John und **Barbara McKinney:** Hunde verstehen und richtig erziehen. Franckh-Kosmos 1994.

Ross, John und **Barbara McKinney:** Welpen-Kindergarten. Franckh-Kosmos 1997.

Stein, Petra: Bachblüten für Hunde. Franckh-Kosmos 1997.

Teichman, Peter: ABC der Hundekrankheiten. Naturbuch.

Trumler, Eberhard: Der schwierige Hund. Mürlenbach 1986.

Trumler, Eberhard: Mit dem Hund auf Du. München 1991.

Zimen, Erik: Der Hund. Goldmann 1988.

ADRESSEN

Verband für das Deutsche Hundewesen e.V. (VDH)
Westfalendamm 174
44141 Dortmund
Tel.: 02 31 - 5 65 00 - 0
Fax: 02 31 - 59 24 40

Verein für Deutsche Schäferhunde e.V. (SV)
Steinerne Furt 71
86167 Augsburg
Tel.: 08 21 - 7 40 02 - 0
Fax: 08 21 - 70 34 89

Deutscher Hundesportverband e.V. (dhv)
Gustav-Sybrecht-Str. 42
44536 Lünen
Tel.: 02 31 - 8 79 49

Fax: 02 31 - 8 77 08 13

Österreichischer Kynologenverband (ÖKV)
Johann-Teufel-Gasse 8
A-1238 Wien
Tel.: 01 - 88 70 92
Fax: 01 - 8 89 26 21

Österreichischer Verein für Deutsche Schäferhunde (SVÖ)
Linzer Str. 342
A-1140 Wien
Tel.: 02 22 - 94 22 49

Schweizerische Kynologische Gesellschaft (SKG)
Langgaßstr. 8
CH-3001 Bern
Tel.: 0 31 - 23 58 19
Fax: 0 31 - 24 02 15

Schweizerischer Schäferhund-Club (SC)
Buchenweg 12
CH-4600 Olten
Tel.: 0 62 - 26 18 84

REGISTER

BILDNACHWEIS

Angermayer/Reinhard (1, S. 2o), Peter Beck (2, S. 10o, 44), Cordula Beelitz-Frank (1, S. 52), Horst Bielfeld (1, S. 31r), Karl-Albert Frickhinger (2, S. 19o, 58o), Ursula Herre (2, S. 20, 45u), Juniors Bildarchiv (12: Chmielorz 48l, 48r, Eisfeld 31l, 43, Hütter 4u, Janßen 15u, Neukampf 9o, Schanz 59, Tüngler 47u, Wegner 5l, 10u, Zeitz 53o), Eva-Maria Krämer (28, S. 1l, 8o, 12o, 13o, 16o, 16u, 17, 23u, 24u, 29, 41o, 56o, 56u, 57o, 57u, 58u, Innenklappe), Werner Layer (2, S. 13u, 28u), Lothar Lenz (6, S. 8u, 39u, 45o, 51l, 51r Außenklappe oben), Pedigree Pal (3, S. 54o, 54u, 55), Ingeborg Polaschek (11, S. 14, 21o, 21m, 23o, 25, 26o, 26u, 40, 41u, 42o, 42u), Reinhard-Tierfoto (alle übrigen 21 Aufnahmen), Ulrike Schanz (1, S. 46), Marion Schweitzer (1, S. 38o), Christine Steimer (4, S. 1m, 1r, 3, 38u) und aus dem Archiv des Verfassers (Außenklappe unten).

Farbzeichnungen von Birgit Kreimeier (6). Schwarzweißzeichnungen von Rainer Benz (1, S. 37), Birgit Kreimeier (5) und Schwanke & Raasch (1, S. 35o). Die beiden historischen Abbildungen auf Seite 6 wurden dem Franckh-Kosmos-Buch „Enzyklopädie der Rassehunde, Band 1" von Hans Räber entnommen.

IMPRESSUM

Umschlaggestaltung von Atelier Reichert, Stuttgart, unter Verwendung von 4 Farbaufnahmen von Reinhard-Tierfoto (Hauptmotiv und Rückseite rechts) sowie Eva-Maria Krämer.

Mit 99 Farbfotos, 2 Schwarzweißfotos, 6 Farbzeichnungen und 7 Schwarzweißzeichnungen.

Die Deutsche Bibliothek – CIP-Einheitsaufnahme

Kamprad, Eberhard:
Der deutsche Schäferhund / Eberhard Kamprad. – Stuttgart : Kosmos, 1997
(Dem Kosmos-Rat vertrauen)
ISBN 3-440-07404-8

© 1997, Franckh-Kosmos Verlags-GmbH & Co., Stuttgart
Alle Rechte vorbehalten.
ISBN 3-440-07404-8
Lektorat: Angela Beck
Grundlayout: Atelier Reichert, Stuttgart
Gestaltung: Gisela Dürr, München
Satz: ad hoc! Typographie, Ostfildern
Printed in Italy/Imprimé en Italie
Druck und Buchbinder: Printer Trento S. r. l., Trento

PFLEGE-CHECKLISTEN

tägliche Pflege

▸ füttern
▸ frisches Waser
▸ Ohren kontrollieren
▸ Fellpflege als Sozialkontakt

_____

_____

_____

_____

wöchentliche Pflege

▸ Zähne reinigen
▸ Pfoten kontrollieren
▸ Krallen kontrollieren und
bei Bedarf schneiden

_____

_____

_____

_____

halbjährliche Gesundheits-vorsorge

▸ ggf. Impfungen auffrischen
lassen
▸ auf Würmer testen lassen,
ggf. Wurmkur
▸ Gewichtskontrolle

_____

_____

_____

Impfungen

_____

_____

_____

Wurmkuren

_____

_____

_____

Läufigkeitskalender für Hündinnen		
Beginn am	voraussichtliche nächste Läufigkeit	Bemerkungen

TIERPASS FÜR UNSEREN SCHÄFERHUND

Name: _____

Geschlecht: _____   Tätowierung: _____

geworfen am: _____   gekauft am: _____

besondere Merkmale: _____
_____
_____

bisherige Erkrankungen: _____
_____
_____

Wichtige Anschriften

Züchter: _____
_____

Tierarzt: _____
_____

tierärztlicher Notdienst: _____
_____

Hundeverein: _____
_____

Hundepension: _____
_____

Haftpflichtversicherung: _____
_____